李学勤

罗哲文

俞伟超　曾宪通　彭卿云

盛衰的转折

李　默／主编

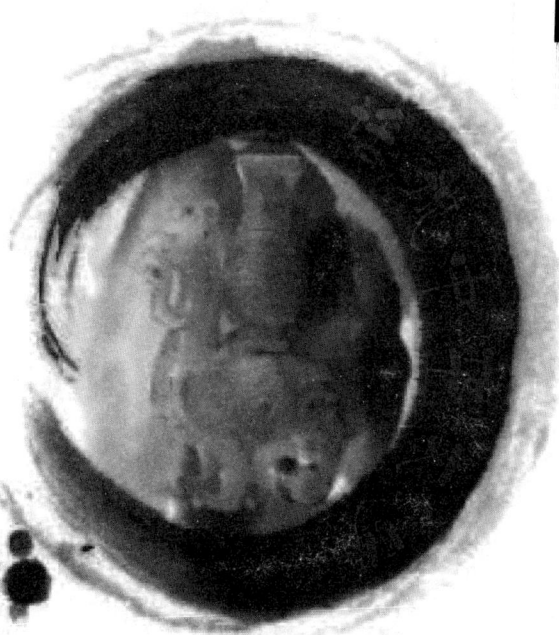

中华文明是人类历史上最伟大的文明之一，是人类文明发展的主要构成。中华文明丰富、深刻、辉煌、博大，在人类文明中的骨干作用和领导作用人所共知。在人类文明的发源时期，中华文明就是四大古文明之一，是地球上文化的策源地之一。

广东旅游出版社
GUANGDONG TRAVEL & TOURISM PRESS
悦读书·悦旅行·悦享人生

中国·广州

图书在版编目（CIP）数据

盛衰的转折 / 李默主编 . — 广州 : 广东旅游出版社 , 2013.1（2024.8 重印）
  ISBN 978-7-80766-436-9

Ⅰ . ①盛… Ⅱ . ①李… Ⅲ . ①中国历史—唐代—通俗读物 Ⅳ . ① K242.209

中国版本图书馆 CIP 数据核字 (2012) 第 268036 号

出 版 人：刘志松
总 策 划：李 默
责任编辑：张晶晶　黎 娜
装帧设计：盛世书香工作室　腾飞文化
责任校对：李瑞苑
责任技编：冼志良

盛衰的转折
SHENG SHUAI DE ZHUAN ZHE

广东旅游出版社出版发行
（广东省广州市荔湾区沙面北街 71 号首、二层）
邮编：510130
电话：020-87347732（总编室）020-87348887（销售热线）
投稿邮箱：2026542779@qq.com
印刷：三河市嵩川印刷有限公司
　　　（河北省廊坊市三河市杨庄镇肖庄子村）
开本：650×920mm　16 开
字数：105 千字
印张：10
版次：2013 年 1 月第 1 版
印次：2024 年 8 月第 3 次印刷
定价：45.80 元

［ 版权所有　侵权必究 ］
本书如有错页倒装等质量问题，请直接与印刷厂联系换书。

出版者识

　　《话说中华文明》是一部全景式图文并茂记录中国文明历史的大书。出版者穷数年之力，会集各方力量——专家、学者、编辑、学术顾问们，在浩如烟海的历史档案、资料、著作中，探珍问宝，追寻中华文明在悠悠历史长河中的灿烂之光。此书的出版，凝聚了编撰者的心血，学术顾问们的智慧。尤其是李学勤先生，亲自动笔写下了序言，更增加了本书沉甸甸的分量。

　　中华文明的历史充满了辉煌与苦难，成就和挫折。它的历史无处不在，决定着我们中国人今天的思想和感情。当今的中国和中国人是中华文明的历史造就的，是中华文明的历史的延伸，也是它的一个组成部分，中华文明的历史之河奔流到现在。

　　中华文明是人类历史上最伟大的文明之一，是人类文明发展的主要构成。中华文明丰富、深刻、辉煌、博大，在人类文明中的骨干作用和领导作用人所共知。在人类文明的发源时期，中国就是四大古国之一，是地球上文化的策源地之一。在人类文明的早期，中华文明成为文明在东方的支柱，公元前后200年间，人类的汉帝国与罗马帝国这两只铁手攫住了地球。在欧洲进入中世纪的时候，中华文明更成为人类文明最主要的领导，它的文明统治东亚，传遍世界。进入近代，中华文明处于自身的重压和西方的欺凌下，但中国人民的斗争史和奋起精神是人类文明历史中不可缺少的一页。

　　五千年的中华文明为人类贡献出了从思想家孔子到科学技术的四大发明、从唐诗宋词到长城运河的伟大创造，贡献出了从诸子百家到宋明理学，从商周铜器到明清文学的深刻内涵，也贡献出了从五霸七强到三国纷争、从文景之治到十大武功的辉煌历史。中华文明的历史绚烂多彩，在人类文明的历史长河中永放光芒。

　　中华文明也是人类历史上最独特的文明，没有哪一个文明像中华文明这样持久，这样统一一致。世界上其他文明不但互相交错，其创造者也都与高加索体质的人种有关，它们是姐妹文明。在人类历史中，只有中华文明才是独特的，它的创造者是中国土地上的中国人民，与其他任何地方的人民都没有关系，它的文化是统一一致的文化，可以不依赖于其他任何文明而生存，但中华文明也绝不是封闭的，它接受他人的文化，也承担自己对于人类的责任。

　　人类进入新世纪，中国的社会经济发展令世人瞩目。人们对于世界未来的政治和经济结构的估计无不以东亚和太平洋为中心，而尤以中国为重点。

　　经济起飞只是当代中国的一个方面，中国的精神文明的建设尤为刻不容缓。如果中国要自觉地发展中华文明，要有意识地使中国的发展具有世界意义，就必须发展强有力的精神文化，这样才能使中华文明的发展进入一个新的阶段，才能形成中国和中华文明的全面现代化。

而中国的精神文化的发展植根于中华文明的伟大传统之中。进入近代之后，在西方文化的冲击下，对于中国文化的价值产生大量的情绪化和激烈冲突的论调。"五四"运动打倒孔家店的口号具有冲破封建束缚的时代意义，对中国文化的发展有不容否认的正面意义，与文化虚无主义是完全不同的。文化虚无主义者否定中国传统文化，在现代化的旗帜下主张全盘西化；而复古主义则沉迷于中国文化的古董，走进反进步、反科学的泥潭。

历史的发展则超越了所有这些论点，产生这些论调的一百多年来的中国近代史已经结束。历史要求中国发展，要求中国走在全世界发展的前列。西化论和复古论都已过时，历史已经要求世界超越西方，中国可以承担起世界的命运，而中国的现实和世界的历史都说明，中国的使命在于它的发展前进，而非倒退。

中华文明走出迷惘的时代，我们这一代处在一个伟大而具有挑战的历史阶段。

总结历史、展望未来，这就是《话说中华文明》的意义和使命。我们创作《话说中华文明》，力求总结和回顾中华文明的全貌，在内容和形式上都开创一个新的局面。在内容结构上，既具有一定的深度，又具有相当的广博性，既有严谨、准确的学术价值，又有活泼、流畅的可读性。我们在本丛书内容纳了中华文明的各个方面，使它综合了大规模学术著作的系统性、严密性和普及读物的全面性、简易性，它既可作为大型工具书检索中华文明的各个成分，又可作为通俗的读物进行浏览。

我们从上世纪90年代初起就开始思考中华文明的历史和现实问题，并逐渐形成了编著《话说中华文明》的设想。在开展这项庞大的文化工程之始，我们就聘请了国内权威学者李学勤、罗哲文、俞伟超、曾宪通、彭卿云诸先生担任学术顾问，他们对计划作了充分讨论，并审阅了大量初稿。我们聘请了广州、香港地区的社会科学学者、大学教师、研究生以及我社编辑人员几十人担任稿件的撰写工作。

通过创作这部书，我们深深地感受到了中华文明的博大精深，也感受到了它的内在缺陷。中华文明具有辉煌的时期，也有苦难的年代，有它灿烂的成就，也有其不足的方面。中华文明在自身中能够吸取充分的经验和教训，就能够使自身健康壮大，成长发展。

通过创作这部书，我们也深深感受到了出版事业的使命和重任。我们希望这部书能受到广大读者的喜爱，起到它所应当起的作用。为中华文明的反省、前进和奋起作一点贡献。

目 录

盛衰的转折

盛衰的转折

唐朝

安史之乱爆发

天宝十四年（755）十一月，安禄山于范阳起兵反唐，引军南下。

本年四月，杨国忠派兵包围安禄山在京住宅，捕杀其在京门客，以促使安禄山谋反之意暴露。果然，安禄山闻在京门客被杀，谋反日急。六月，李隆基以皇子成婚，手谕安禄山进京观礼，安禄山称疾不至。七月，安禄山上表言献马3000匹，押运兵将竟达6000多人。河南尹达奚珣怀疑安禄山将藉此叛乱，奏请火速下诏，禁安禄山兵马入京。

至十月，安禄山召集部将，说："现有密旨，令我率军入朝诛杨国忠，众将随我前行。"众将愕然相顾，莫敢异言。本月，安禄山发所部兵及同罗、奚、

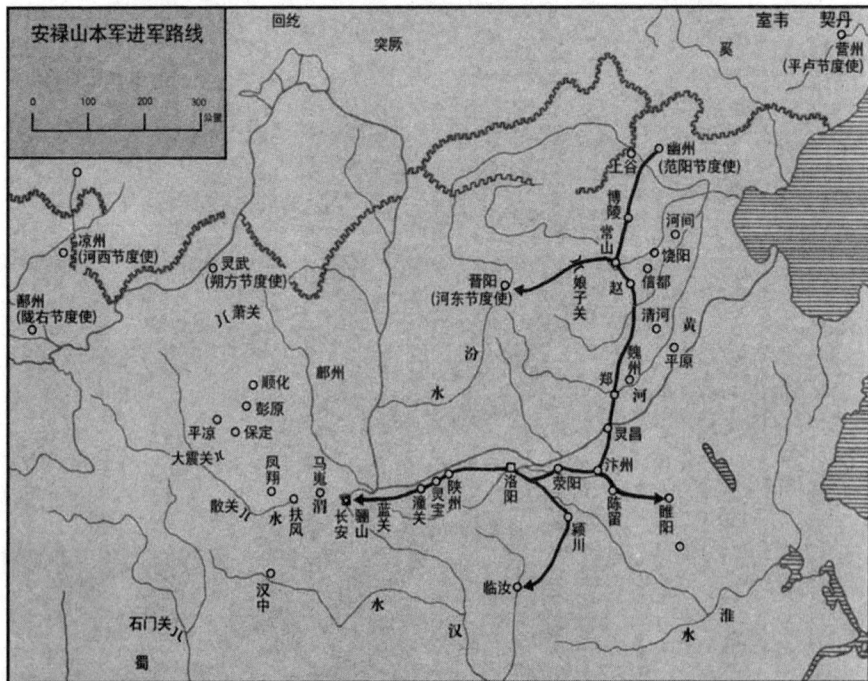

安禄山挥军进军路线图

契丹、室韦兵，计 15 万，号称 20 万，反于范阳。命范阳节度副使贾循守范阳、平卢节度副使吕知海守平卢，别将高秀岩守大同，三将率兵乘夜出发，各赴所守之城。第二日，安禄山大阅誓众，并在军中传令：有异议煽动军人者，斩及三族。然后引军向南。安禄山乘铁举而行，步骑精锐，烟尘千里，鼓噪震地。由于承平日久，百姓不谈兵革，猝闻范阳起兵，远近震骇。

河北（辖境相当于今北京、天津、河北省、辽宁省大部、河南和山东古黄河以北地区）为安禄山辖区，叛军一路而行，各州县望风瓦解。安禄山一身兼任三镇节度使，早就预谋反唐叛乱，只是因为玄宗待之有恩，所以想等玄宗死后作乱。杨国忠与安禄山交恶，屡次在玄宗面前言禄山有反心，玄宗不听。

李隆基急召朝臣计议。并命特进华思琛至洛阳、金吾将军程千里至太原，各募兵数万人抵拒叛军。命安西节度使封常清为范阳、平卢节度使，火速募兵，以拒叛军。又令郭子仪为朔方节度使，王承业为太原尹；同时，令置河南节度使，以张介然任之，领陈留等 13 郡。令各就其位，阻遏叛军。又以荣王琬为元帅，高仙芝为副元帅，出内府钱帛，于京师募兵 11 万，号天武军，东征安禄山。

在本月底，唐官军与叛军开始接战。但唐官军多为临时召募而来，毫无战斗力，与叛军一触即溃。下月，安禄山大军自灵昌渡河，继而攻占灵昌。随后攻占陈留，斩至陈留仅数日的张介然及降卒万人；留李庭望驻守，大军继续南下。不久抵荥阳。荥阳又陷，叛军距京师已仅 1105 里。安禄山杀荥阳太守崔无陂，令武令珣驻守，大军再南下，攻逼东都洛阳。唐官军封常清部与叛军数次激战，均大败。洛阳陷，封常清率残兵破城墙而逃，与高仙芝会合。二人担心叛军破潼关攻长安，率军急速赶至潼关固守，但因奸人谗言，封、高二人以讨逆无功被斩，其大军不久由哥舒翰统领。李隆基令哥舒翰统各路官军收复洛阳，安禄山闻之，亲率大军往攻潼关。至新安，闻河北有变，遂赶回救援。

在河北已成为安禄山的后方时，河北各郡勤王军蜂起。平原（今山东德州）太守颜真卿召募勇士 1 万人，举兵讨逆。与此同时，清池尉贾载、盐山尉穆宁与长史李晔杀安禄山所委官吏起兵。不久，饶阳太守卢全城、河间司法李奂等也起兵，各拥兵万余。众公推颜真卿为盟主，联合作战，以讨叛军。

颜杲卿（颜真卿从兄）为常山太守，与参军冯虔、藁城尉崔安石等人联合起兵，用计捕杀安禄山大将李钦凑、高邈、何千年。同时遣人策动各郡起兵响应。于是，诸郡蜂拥而起，17郡皆归朝廷，合兵20万，只余范阳、卢龙、密云、渔阳、汲、邺6部仍归安禄山。河北诸郡的讨叛战争有力牵制了安禄山的军事力量，使唐正面讨叛军稍有喘息之机。

郭子仪、李兴弼成名

　　郭子仪、李兴弼在反安史叛变中成名，成为中兴名将。天宝十四年（755）十二月十九日，玄宗因功加郭子仪御史大夫。又命郭子仪罢围云中，还朔方，集兵力进取东京，并选良将一人帅兵出井陉，定河北。子仪遂推荐李光弼，至德元年（756）正月九日，以光弼为河东节度使，分朔方兵一万人由其帅领。

　　至德元年（756）二月二日，加李光弼为魏郡太守、河北采访使。李光弼统领蕃、汉步骑万余人、太原弩手3000人出井陉，二月三日，至常山，解饶阳之围。

　　李光弼败史思明于常山解饶阳之围后，两军相持40余天，思明遂绝常山粮道，城中缺草，马无饲料。光弼派500辆车至石邑（今河北石家庄西南）取草，押车士卒皆衣甲胄，以弩手千人护卫，为方阵而行，叛军欲夺而不能。叛将蔡希德率兵攻石邑，张奉璋击退之。此时郭子仪已从朔方增选精兵进军于代州（今山西代县），光弼遂遣使求救于子仪，子仪即帅兵自井陉出。至德元

宋李公麟《免胄图》，描述郭子仪单骑退敌情景。

年（756）四月九日，至常山与光弼会合，蕃汉步骑共 10 余万。四月十一日，子仪、光弼帅军与叛军大将史思明战于九门（今河北正定东南）城南，思明大败，率残兵逃奔赵郡（今河北赵县）。

郭子仪、李光弼收兵还常山，史思明收罗散卒紧跟其后，子仪乘叛军疲时挑战，败之于沙河（今河北新乐、行唐之间）。至德元年（756）五月二十九日又与叛军战于嘉山（今河北曲阳），大败之，杀 4 万余人，虏千余人。思明坠马，露髻跣足而逃，奔于博陵（今河北定州），光弼遂帅兵围博陵，军声大振。于是河北十余郡纷纷响应，杀叛军守将而归顺朝廷。

哥舒翰兵败潼关

天宝十四年（755）十二月末，玄宗因哥舒翰有威名，且与安禄山有矛盾，拜为兵马副元帅，并以田良丘为御史中丞，充行军司马，起居郎萧昕为判官，蕃将火拔归仁等各率部落兵以从，加高仙芝旧兵，共 20 余万，军于潼关。

哥舒翰因病不能料理军务，把军政大事全委于田良丘，良丘不敢专决，又使王思礼统骑兵，李承光统步兵。二人争权，不能统一指挥。哥舒翰用法严厉而不恤士卒，所以军无斗志。

哥舒翰与叛军在潼关相持，潼关是唐王朝首都长安的大门，安禄山攻潼关不下，遂用诈使人散布说，叛将崔乾祐在陕郡（今河南陕县、三门峡）的兵力不满 4000，皆羸弱无备。玄宗知后，遂催促哥舒翰出兵收复东京。哥舒翰不得已，至德元年（756）六月四日，抚膺恸哭，帅兵出关。六月七日，遇安禄山大将崔乾祐之军于灵宝西原。乾祐据险以待，南靠山，北阻河，中间是隘道 70 里。这时崔乾祐故意出兵万人，什什伍伍，散散漫漫，或疏或密，或前或退，唐军皆望而笑之，以为乾祐不会用兵。其实乾祐聚集精兵，陈于其后。哥舒翰军放松警惕，叛军遂出其不意，发动伏兵，乘高滚下木石，击杀唐军士卒甚多。道路窄小，士卒拥挤，刀枪皆施展不开。正好中午刚过，刮起东风，乾祐把数十辆草车塞在毡车之前，纵火焚烧。顿时大火暴起，烟雾遮天，唐军连眼也睁不开，自相残杀。这时乾祐又派同罗精锐骑兵从南山

唐李昭道《明皇幸蜀图》轴。绢本设色。画为青绿设色，崇山峻岭间一队骑旅自右侧山间穿出，向远山栈道行进，前方一骑者着红衣乘三花黑马正待过桥，应为唐明皇（玄宗），恰是："嘉陵山川，帝乘赤骠起三骏，与诸王及嫔御十数骑，出飞仙岭下，初见平陆，马皆若惊，而帝马见小桥，作徘徊不进状。"嫔妃则着胡装戴帷帽，展示着当时的习俗。中部侍、驭者数人解马放驼略作歇息。山势突兀，白云萦绕，山石有勾勒无皴法，设色全用青绿。该画传本较多，此图虽可能为宋代传摹本，但比较接近李思训父子画派的风格。李昭道，字建，盛唐人，李思训之子，亦工着色山水，与其父同享盛名；官到太子中舍，虽不至将军，画史亦称小李将军。他能"变父之势，妙又过之"，为历代所称颂，《唐朝名画录》则称他画的山水、鸟兽"甚多繁巧，智慧笔力不及思训"。他生活于唐玄宗时代，有可能画安史之乱时明皇避难入蜀的题材，《明皇幸蜀图》体现了二李画派的典型风格，时代特征明显，是反映唐代山水画面貌的重要传世作品。

骑马胡俑

冲杀过来，出唐军之后，唐军首尾大乱，不成队伍，无法再战，被叛军打得大败。哥舒翰只与部下数百骑，从首阳山（今山西永济）西渡过黄河入关。六月九日，崔乾祐攻克潼关。

哥舒翰后被部将缚送安禄山。

唐玄宗奔蜀·诸杨死于马嵬驿

天宝十五年（756）六月，潼关失守，哥舒翰叛降，长安大乱，唐玄宗与贵妃姐妹、皇子、皇妃、皇孙、杨国忠、韦见素等仓惶奔蜀，军至马嵬驿时发生兵变，杨国忠被杀，杨贵妃亦被缢死。

六月十四日，玄宗与随从逃至马嵬驿（今陕西兴平西），禁军将士因饥饿疲劳，皆愤怒。军士杀死杨国忠，并杀其子户部侍郎杨暄及韩国、秦国夫人。这时御史大夫魏方进说：你们怎么敢杀宰相？军士又杀之。韦见素闻乱而出，为乱兵所柳，脑血流地。士卒们包围驿站，玄宗听见喧哗之声，问以何事，左右人说是杨国忠反。玄宗遂杖屦出驿门，慰劳军士，令整队，军士不答应。玄宗又使高力士问之，陈玄礼回答说："国忠谋反被诛，贵妃不宜供奉，希望陛下割恩正法。"玄宗说："我自会处置。"入门后，倚仗倾首而立。过了一会，京兆司录韦谔上前进言说："现在众怒犯，危在旦夕，愿陛下速决。"并叩头流血。玄宗说："贵妃常居深宫中，怎么能知国忠谋反之事呢？"高力士回答说："贵妃是无罪，但禁军将士已杀国忠，贵妃在陛下左右，将士心不自安，愿陛下三思，禁军将士安则陛下安。"于是玄宗命高力士引贵妃至佛堂，缢杀之。然后与尸体置于驿庭，召陈玄礼等人入看。玄礼看后才免胄释甲，顿首请罪，玄宗慰劳之，令告谕军士。玄礼等皆呼万岁，再拜而出，于是整顿部队准备继续行走。

马嵬驿之变后，李隆基欲再西行，父老拦路请留。李隆基遂分后军3000人给太子，令太子破逆贼，复长安。此后，太子北进至灵武（今宁夏灵武西南），李隆基南入成都。

唐明皇幸蜀闻铃处。在梓潼县20公里处，有一上亭铺古驿站。唐玄宗离京后
在此暂停，夜半忽闻铃声叮当，以为追兵又至，大惊而起。后来发现"叮当"
之声是檐下铜铃在风中作响，才知是一场虚惊。

太子李亨即位主持战争

至德元年（756）七月，李亨（肃宗）即皇帝位于灵武，尊李隆基（玄宗）为上皇天帝，改元至德。

李亨，李隆基第三子。性聪敏强记，2岁封王。开元二十六年（738）立为皇太子。天宝十三年（754）正月，安禄山来朝，亨言其有反相，请以罪诛之，李隆基不听。后安禄山果叛，以诛杨国忠为名，兴兵直指京师。李隆基仓皇出逃，

唐书偃《牧放图》卷（宋李公麟摹）（部分）

行至马嵬驿，父老遮道请留亨以讨贼，李隆基许之。

　　太子李亨留下后，不知向何处去。太子长子广平王俶说："现在已天黑，此地不可驻，不知大家想去何处？"众人皆不应。大家决定前往朔方。于是出发，至渭水边，与潼关退下的败兵相遇，误与交战，死伤甚多。然后才收散兵，选择渭水浅处乘马而渡，无马者涕泣而返。太子从奉天（今陕西乾县）北上，至新平（今陕西彬县），一夜驰300里，士卒和器械大多亡失，所剩将士不过数百。自奉天北上，一路招募兵马，军势始振。时朔方留后杜鸿渐、魏少游、崔漪等派判官李涵奉迎亨治兵于朔方，且献上朔方士马、兵甲、谷帛、军需之帐簿。鸿渐、漪等又自迎亨于平凉北境，劝亨治兵灵武，移檄四方，收揽忠义，以讨叛逆。

　　至德元年（756）七月十二日，太子即皇帝位于灵武城南楼，是为肃宗，群臣舞蹈庆贺，肃宗也流涕唏嘘。以杜鸿渐、崔漪知中书舍人事，裴冕为中书侍郎、同平章事。当时塞上精兵都出讨叛军，只剩下老弱守边，文武官不满30人，披草莱，立朝廷，制度草创，武人骄慢。数日内归附者渐多。至此，亨与其朝臣担负起了收复长安、洛阳，平定安史之乱的重任。

安禄山攻入长安

　　至德元年（756）八月，安禄山兵至长安，大掠3月。

　　玄宗逃离长安十日后，安禄山知玄宗已逃离长安，乃遣大将孙孝哲帅兵

唐书偓《牧放图》（宋李公麟摹）（部分）。韦偓，长安（今西安）人。擅长画人物、鞍马、林石、山水，尤精画马。在一望无际的平坡沙草之间，马群浩浩荡荡，气势雄伟，场面壮观。全图140多个奚官、围人，1280多匹马，有奔跑、起卧，姿态不一，栩栩如生。构图疏密相间，有条不紊。

入长安。

安禄山未至长安时，长安士人、宫嫔都逃入山谷。将相及富豪之财宝多为百姓取去，兼及左藏大盈库与各官府衙的府库，取剩下的全部焚毁。本月，禄山至长安，听说此事之后，大怒，命大索3月，不但取回百姓哄抢之物，民间财货也一扫而空，禄山又取皇帝亲属霍国长公主、诸王妃妾、子孙姻婿等百余人杀之。唐臣从天子者，诛灭其宗，而人心益思唐皇。自李亨（肃宗）马嵬驿北行，民间盛传太子收兵来取长安，长安百姓日夜盼望唐军，有时甚至惊呼："太子大军来了！"叛军一望北方尘起，即惊吓欲逃。京畿豪杰之士常常杀禄山官吏，遥应唐军；诛而复起，相继不绝。叛军始至长安时，京畿、鄜、坊至于岐、陇皆归顺。至此，叛军势力所及，南不出武关，北不过云阳，西不过武功，败相已露。

永王李璘叛唐

至德元年（756）十二月，永王李璘反唐。

玄宗入蜀，命诸子分总天下节制，谏议大夫高适进谏，以为不可，玄宗不听。璘遂领四道节度都使，镇江陵。当时江淮租赋皆积于江陵，召募勇士数万人，日费巨万。璘从小生长深宫，不谙人事，其子襄城王场，善武有勇力，薛镠等人为之谋主，认为安禄山反叛，天下大乱，只有南方完富。璘握有四道兵，封疆数千里，可据金陵，保有江表，如东晋王朝。肃宗知此事后，下敕命璘归蜀觐玄宗，璘不从。

十二月二十五日，永王璘擅自帅兵沿江而下，军容威盛，景曜、承庆皆降于璘，江淮震动。

次年二月，李亨（肃宗）命李成式等讨璘。将李广琛率步卒6000人反正，其势遂蹙。官兵进讨，李璘兵败被杀。

唐《百马图》（部分）。绢本设色。作者佚名，全图画马 95 匹、牧马的奚官与围人 41 人。马匹形态各异，生动活泼。画右边有一弯小溪，十数匹马在河中饮水。岸上有四匹马拴在木柱上，牧人在为牧马刷洗。画面结尾处有两牧人正在驯练马匹走步，马的前后腿用绳子联结，使其步伐一致，这种驯马方式通过图画的形式表现出来，显得有浓厚的生活情趣。

张巡抗敌

安史之乱爆发后，谯郡（今安徽亳县）太守杨万石降于安禄山，逼真源（今河南鹿邑）县令河东（今山西永济）人张巡使为其长史，迎接叛军。张巡至真源，帅官吏民众哭于玄元皇帝庙，起兵讨击叛军，吏民从军者达数千人。

张巡帅军士力战退敌，并自称吴王先锋使。至德元年（756）三月二日，令狐潮复领叛将李怀仙、杨朝宗、谢元同等四万人来攻雍丘城，张巡派千人守城，自己帅领千人，分成数队，开门突出，直冲敌阵。张巡身先士卒，砍杀叛军，叛军遂退去。又伺敌有隙，出兵偷袭敌营。相持60余天，大小300余战，巡与士卒带甲而食，裹创而战，叛军久攻不下，只得退走。巡又乘胜追击，俘获胡兵2000余人，士气大振。

至德元年（756）五月，叛将令狐潮又帅兵攻雍丘（今河南杞县）。雍丘城中矢尽，巡用藁草缚假人千余，穿以黑衣，夜缒城下，令狐潮兵争射之，许久才知是草人，于是巡得矢数十万。后夜又缒真人下城，叛军笑而不为备，巡遂以敢死之士500夜袭潮军营，潮军大乱，焚垒而逃，追奔十余里。叛军有步骑7000余人屯白沙涡（今河南中牟），张巡帅军夜袭其营，大败之。

肃宗至德二载（757）七月六日，叛军大将尹子奇又征兵数万来攻睢阳。粮食已被吃尽，将士每人每天给米一盒，杂以茶纸、树皮而食。

对于叛军的攻城之计，张巡皆针锋相对，应机立办，尹子奇服其机智，不敢再来攻。遂于城外挖了三道深壕，立木栅以守之，巡也于城内作壕以拒之。这时，许叔冀在谯郡，尚衡在彭城，贺兰进明在临淮，皆拥兵不救。张巡遂令部将南霁云帅30骑突围而出，求救于临淮。霁云出城后，叛军数万来阻拦，霁云与士卒直冲敌营，左右驰射，叛军纷纷溃退，杀开了一条血路，只伤亡了两骑。既至临淮，见贺兰进明，请出兵救睢阳，进明说：现在睢阳不知是否已陷落，出兵有什么用处呢！霁云说：我敢以死来担保睢阳没有陷落。再说睢阳如果被叛军攻陷，下一个就是临淮，两郡如唇齿相依，怎么能见死不救呢！进明虽爱霁云勇壮，但拒不发兵，并强留之，备好食物。霁云慷慨涕泣而言：我突围出来时，睢阳守城将士已断粮一个多月。现在我一个人在

张巡像

这里吃饭，实在难以下咽。你坐拥强兵，眼看睢阳陷落，而无出兵救难之意，这道是忠臣义士所为吗！说完遂咬掉一指以示进明说：我南霁云今天既然求不到援兵，完成不了主将交给我的任务，只好留一指以示信回报。座中人都为之感动泣下。霁云看贺兰进明终无出兵救援之意，遂至宁陵与城使廉坦一起帅步骑3000人，于八月三日夜，冒着叛军的重重包围，且战且行，来到睢阳城下，与叛军大战，死伤之外，仅余千人入城。城中将士知救兵无望，皆失声痛哭。叛军知救兵不至，围攻更急。

茶纸被吃光，遂杀战马而食；马被杀光，又罗雀掘鼠而食；雀鼠也尽，张巡遂杀己之爱妾，许远也杀其奴，以待士兵。然后尽杀城中妇人食之，继之以男子老弱。当时城中人知必死，没有叛者，最后仅余400余人。十月九日，叛军攻上城头，守城士卒皆病饿无力再战。张巡遂面向西再拜说："臣已力竭，不能保全睢阳城，生时既不能报陛下之恩，死后当为厉鬼以杀叛敌！"城遂陷落，张巡、许远皆被叛军俘获。尹子奇问张巡说："听说你每战时眦裂齿碎，是为什么？"巡说："我志在吞灭逆贼，但苦于力不足。"子奇遂用刀抉其口看之，所剩仅三齿。子奇为张巡忠义所感，想全活之，叛军中有人说："彼人是守节之士，终不会为我们所用。再说又得士卒之心，不杀必为后患。"于是就与南霁云、雷万春等36人皆被杀害。巡临死时，颜色不变，大义凛然。子奇送许远于洛阳。

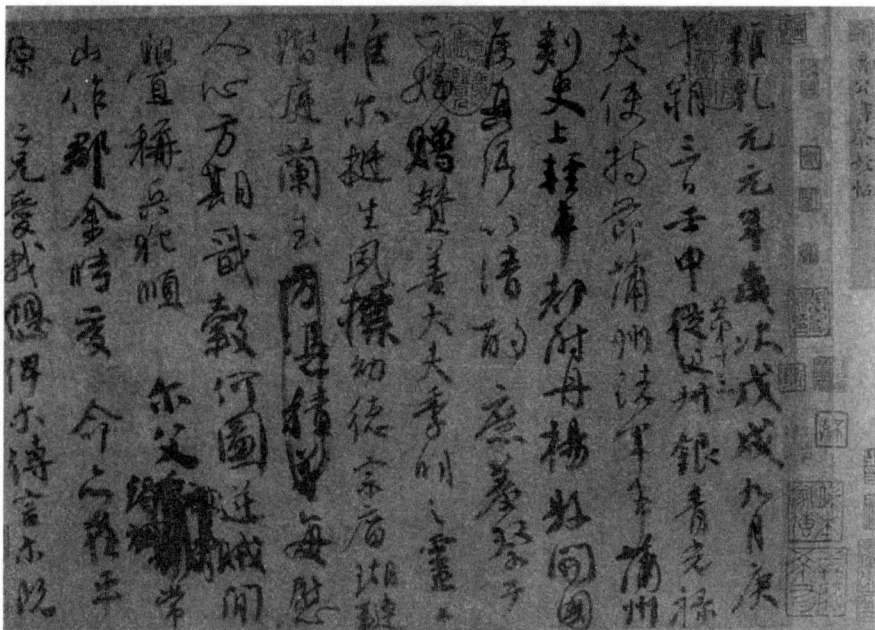

颜真卿在平叛战争中坚持战斗，屡有斩获，成为名将。图为颜真卿《祭侄文稿》。此稿行书。因系文稿，无意于书，所以神采飞扬，用笔苍劲婉道，气势雄浑，是颜书中的显赫名绩。

安庆绪杀父自立

至德二年（757）正月，安禄山欲立段夫人子庆恩，安庆绪于本月弑父自立。

安庆绪，安禄山第二子。庆绪善骑射，禄山偏爱之，为都知兵马使。安禄山自起兵以来，视力渐昏，以至全然不能见物。又因毒疮，性情暴躁，稍不如意，左右即遭棰挞，有时无故杀之。称帝以后，深居禁中，大将得见其一面，一切大事都由严庄传达。严庄虽贵为大臣，亦不免被棰挞。阉宦李猪儿被挞尤多，左右之人皆难以自保。禄山有爱妾段氏，生子庆恩，欲代庆绪为太子。庆绪常惧被害，严庄对庆绪说："事已至此，机不可失。"严庄于是对猪儿说："你受棰挞无数，如不行大事，死无日矣！"

至德二年（757）正月，李猪儿遂决定杀安禄山。严庄与安庆绪持刀立于帐外，李猪儿执刀入帐，斫禄山腹中。左右之人皆惧，无敢动者。禄山摸枕边刀而不得，摇动帐竿说："一定是家贼杀了我。"说完，肠子已流出，遂死。三人挖床下深数尺，以毡裹禄山尸体，埋之于下，告诫宫人不得泄露于外。正月六日早上，严庄对外宣言说，皇上得了急病，立晋王庆绪为太子，遂即帝位，尊禄山为太上皇，然后才发丧。

安庆绪性昏懦，言辞无序，严庄恐众不服，不令见人。安庆绪终日纵酒为乐，呼庄为兄，事无大小，皆委于严庄。人心既去，屡败于官军。唐军乘胜收两京，严庄与安庆绪率残军逃亡河北邺郡。

乾元元年（758）九月，肃宗李亨派郭子仪等九节度使齐讨伐，安庆绪又败。时史思明有兵13万，不听安庆绪之命，安庆绪派人求救于史思明。救兵未至，官兵已合围。史思明乃分兵三路救安庆绪，次年三月，史思明大败郭子仪于相州，进军邺杀安庆绪。

李光弼守太原

盛衰的转折

至德二载（757）正月，叛军大将史思明从博陵（今河北定州），蔡希德从上党（今山西长治），高秀从大同，牛廷介从范阳，共帅兵十万，来攻太原。

当时李光弼麾下精兵皆赴朔方（今宁夏），所余团练兵皆乌合之众，不满万人。思明以为太原指日可下，然后长驱北上取朔方、河西、陇右。太原诸将闻叛军十万来攻城，皆惧，议修城以守。于是帅士卒及民众于城外凿壕以自固。又作砖坯数十万

李光弼像

块，众人都不知其所用。及叛军攻城于外，光弼则增垒于内，城坏者则用之修补。光弼军令严整，虽叛军不攻，逻卒亦不敢丝毫懈怠，叛军无机可乘。光弼又在军中选有小技者，各尽其用，得安边军（今河北蔚县）三个钱工，善于穿地道。叛军在太原城下抬头叫骂，光弼就派人从地道出曳其脚拉入城内，临城斩之。从此叛军行走皆先看地面。叛军用云梯、土山以攻城，光弼则挖地道以迎击，近城则陷。叛军逼近城头，光弼就作大炮，用来发巨石，一发击毙20余人。叛军只好退至数十步外，远地围住。光弼又遣人诈告叛军说，刻日出降，叛军喜，不为设备。光弼遂使士卒在叛军营周围挖地道，以木头顶住。至约好时间，光弼领兵在城上，遣裨将领数千人出城，伪作投降，叛军都在观看。忽然营中地陷，死者千余人，叛军大乱，光弼则帅兵乘机鼓噪出击，俘斩万计。

天王像。河北邯郸响堂山的唐代天王造像，虽然头部与胸部已不完整，
但天王的勇猛气韵犹存。

宦官李辅国掌权

　　至德二年（757）九月，李亨（肃宗）命李辅国掌符印军号，宦官始掌兵权。李辅国本名静忠，少为阉奴。天宝中，得侍皇太子亨。安史乱发，劝亨至朔方以图兴复。及至灵武，益为亨信用，乃劝亨即帝位以系人心。亨即帝位，委以腹心，赐名护国，后改名辅国。

　　本月，因李泌之请，亨以符印兵号付辅国掌之。及李亨还西京，命辅国掌禁军。辅国依附张淑妃，势倾朝野。后辅国常居禁中，制敕必经辅国押署，然后施行。宰相、百官临时奏事，均须通过辅国通报、传旨。常于银台门决天下事，事无大小，都直接处理，然后告知李亨。刑官断狱，均先请示辅国，轻重随其意，无敢违者。

　　宦官李辅国出身卑贱，虽因拥立肃宗有功，暴贵用事，但玄宗左右之人

《回纥人牵引图》。隋唐时北方草原的主人是突厥人和回纥人。

皆轻视之。辅国心中怀恨。兴庆宫原先有马 300 匹，辅国矫诏取之，只留 10 匹。玄宗对高力士说："我儿为辅国所惑，不得终孝。"七月二十八日，流高力士于巫州（今湖南黔阳西南），王承恩于播州（今贵州遵义），魏悦于溱州（今四川綦江），陈玄礼被勒令致仕。置如仙媛于归州，玉真公主出居玉真观。肃宗另从后宫选百余人服侍玄宗。玄宗由此而心中不悦，因而不食，渐渐成病。肃宗因有病，只派人去问候。而辅国以功升为兵部尚书。李亨病重，太子李豫监国。张皇后图谋不轨，事败，为辅国所杀。李豫即位（是为代宗），辅国益骄横，对李豫说："你只须在宫中安坐，外事听老奴处置。"豫怒其不逊，欲除之。以其掌禁军，故尊为尚父，政事均由其裁决，以安其心。不久，削其军权，移居于外，消息传出，举国朝贺。后李豫使人扮作强盗入其家，刺杀辅国。

回纥兵助唐收复长安

至德二年（757）九月，朔方军与回纥、西域军大破叛军，收复西京。

李亨（肃宗）即位后，派敦煌王承采与仆固怀恩出使回纥修好请兵。及至回纥牙帐，可汗以女嫁承采，遣首领来朝，请和亲。十一月，回纥可汗派其臣葛逻支率兵入援。

本月，李亨纳回纥公主为妃。回纥遣太子叶护领其将帝德等兵马 4000 余众，助唐讨逆。亨为速复西京，与回纥约：克城之日，土地、士庶归唐，金帛、子女皆归回纥。

同月，俶率朔方等军与回纥、西域之众 15 万，号 20 万讨叛军。朔方军与叛军 10 战不下，而叛军伏精骑欲袭官军之后。仆固怀恩乃引回纥尽灭其伏兵。唐将李嗣业又与回纥出叛军阵后，与朔方等军前后夹击，叛军大溃，余众逃入城中，当夜，守将安守忠、李归仁等皆遁，唐军遂复西京。

回纥欲践前约，李俶拜于叶护马前。告以今始得西京，如果大肆抢掠，则东京人必固守，请复东京之日再如约，叶护许之。叛将张通儒等收余众保陕郡，安庆绪悉发洛阳兵就通儒以拒唐军。子仪等初战不利，而回纥直出叛军之后，叛众惊呼："回纥来了！"遂大溃，两军夹击，叛军大败，尸横遍野。

安庆绪率余众自洛阳逃往河北。

至德二年（757）十月十九日，肃宗自凤翔起驾，并遣太子太师韦见素入蜀，奉迎玄宗。十月二十二日，肃宗至望贤宫（今陕西咸阳东），得唐军收复东京捷书。十月二十三日，肃宗入长安，城中百姓出国门奉迎，20里不绝，拜舞呼万岁。太庙被叛军烧毁，肃宗素服向庙哭三日。同日，玄宗从蜀郡出发回长安。

第五琦主持江淮经济

第五琦，京兆长安人，有吏才，好富国强兵术。安史之乱时，北海（今山东益都）太守贺兰进明遣录事参军第五琦入蜀奏事，琦言于玄宗说："现在用兵，财赋最为紧要，财赋所出，以江淮为最，请任我一职，可使军用充足，以助尽快讨平叛逆。"玄宗听后大悦。至德元年（756）八月，即以琦为监察御史、江淮租庸使。

至德元年（756）十月，第五琦见肃宗于彭原（今甘肃宁县），请以江淮租庸市轻货，溯长江、汉水而上至洋川（今陕西西乡），然后令汉中王瑀陆运至扶风以助军。肃宗从之。寻加琦山南等五道度支使。第五琦作榷盐之法，盐业由朝廷专营。凡盗煮、私自买卖者以法论处。于是百姓不增税而朝廷用足。乾元元年（758）七月，铸乾元重宝钱。

唐初高祖于武德四年（621）铸"开元通宝"钱，以代隋五铢钱。高宗时又铸"乾封泉宝"，但不久即废，复行开元通宝。至是以经费不足，琦乃请铸"乾元重宝"钱，径1寸，每缗重10斤，与开元通宝并行，以1当开元通宝10。亦号"乾元十当钱"。次年九月，琦为宰相，又请于绛州铸乾元重宝大钱，径1寸2分，加以重轮，其文亦为"乾元重宝"，每缗重12斤，号"重棱钱"。令与开元通宝并行1以1当开元通宝50。其先在京百官因军兴而无俸禄，至是乃用新钱付冬季俸禄。

于是新钱与乾元、开元通宝并行，物价暴涨、斗米至7000钱，百姓饿死者甚多，朝野皆以为琦变法之弊，李亨遂贬琦为忠州长史。

上元元年（760）六月，令京畿开元钱与乾元小钱皆以1当10，重轮钱以

罗马金币。丝绸之路开通后，中国同中亚、西亚的贸易往来日趋频繁，各国的货币频频流入中国。图为从西安附近出土的罗马金币。

1当30，诸州另行规定。七月，又令天下重轮钱皆1当30。至李豫（代宗）即位，于宝应元年（762）五月令乾元大、小钱皆以1当1。自琦铸新钱，私铸犯法者甚多，州、县不能禁止。至是币制渐定，民以为便。其后民间都把乾元大、小钱销铸为器，不再流通。

盛衰的转折

大食、波斯扰广州

乾元元年（758）九月，大食、波斯扰广州，刺史弃城而逃，两国兵入城抢掠。

大食国，亦称哈里发帝国，为阿拉伯人之国，在波斯之西。波斯国（今伊朗），在吐火罗国之西。

唐初以来，大食、波斯商人多来唐经商，而大食商人多在广

广州古港口

州、泉州一带。本月，大食、波斯两国兵围广州城，广州刺史韦利弃城逃跑。两国兵遂入城大掠仓库，焚烧房舍，然后乘船浮海而去。

李光弼河阳大捷

史思明帅叛军占领洛阳后，遂领兵攻河阳。思明有良马千余匹，每天在黄河南洗浴，来回往返，以示其多。光弼即命搜寻军中母马，得500匹，而圈其驹于城内。等到思明马至水边，即尽放母马出，母马嘶鸣不休，思明马皆浮水过河，官军全数驱之入城。

思明大怒，又列战船数百艘，泛火船于前，想要烧掉浮桥，光弼则以百尺长竿，用毡裹铁叉置其头，迎火船而叉之。船无法前进，皆被焚烧。又以叉拒战船，发炮石击之，被击中皆沉没。思明又出兵河清（今河南济源南），想断光弼粮道，光弼则帅军于野水渡而备之，趁天黑，还河阳，留部将雍希颢帅兵守栅。思明知光弼善于守城，不善野战，遂派部将李日越半夜渡河来

攻。日越帅 500 骑于次晨至栅下，知光弼已回河阳，不敢回去复命，遂降于官军。光弼厚待之，委以重任。叛将高庭晖闻之，也来降。当时光弼自帅兵守中潬。城外置栅，栅外挖壕深两丈。乾元二年（759）十月十二日，叛将周挚舍南城，全力攻中潬。叛军逼近城，以车载攻具，督众填壕。光弼命荔非元礼帅劲兵拒敌。待堑壕填平，元礼即帅敢死队突出，击溃叛军。周挚又收兵来攻北城，光弼立刻帅兵入北城，选择叛军阵地最强的西北角和东南角，命部将郝廷玉、论惟贞帅骑兵出击。并命诸将，以军旗掠地三下，全军出击，退却者杀。诸将遂出战，光弼在后督战，诸将稍退者，光弼即命使者提刀斩首，于是诸将皆奋不顾身，并力奋击，呼声动地，叛军大溃，杀千余人，俘虏 500，溺水而死者千余人，周挚逃走，擒其大将徐璜玉、李秦授。

史思明降而复叛

乾元二年（759）三月，史思明杀安庆绪，并其众。四月，自称大燕皇帝，改元顺天。

史思明，营州人，本突厥与西域胡人混血儿。与安禄山同乡里，为至友，俱以骁勇闻。天宝初，积功至将军，知平卢军马。

安禄山反，命思明略定河北。思明败颜杲卿于常山，继而连克河北诸郡，禄山令其为范阳节度使。

思明部下皆平卢将士，颇精锐。又因连胜，兵最强，因有窥江、淮之心，命其将尹子奇渡黄河至青州，以取江、淮。唐军令回纥兵围范阳，子奇引兵回救，遂不克。至德二年（757）正月，思明与蔡希德、高秀岩合兵 10 万，围李光弼于太原，连攻月余不克。时安庆绪杀安禄山自立，命思明归范阳。

自安禄山陷两京，所获财宝运往范阳，堆积如山。思明因此骄慢，渐不听庆绪之命。唐军收复洛阳，安庆绪逃至邺郡（今河南安阳）。安庆绪忌思明势力强大，特遣部将阿史那承庆与安守忠往征其兵。史

史思明称帝后所铸之钱。左图为"顺元元宝"，右图为"得壹元宝"。

思明即囚禁承庆等，遣部将窦子昂奉表以所部 13 郡及兵 8 万来降唐，所部河东节度使高秀岩也来降。至德二年（757）十二月二十二日，窦子昂至京师。史思明拥强兵，居范阳老巢，因不愿受制于安庆绪，所以伪降唐朝，以为权宜之计，不久即复叛。

乾元元年（758）六月，李光弼以思明终当再叛，乃请以乌承恩为范阳节度副使、使伺机谋杀思明。事泄，思明杀承恩再反。九月，郭子仪等 9 节度使围安庆绪，庆绪派人求救于思明。乾元二年（759）正月，思明自称大圣燕王于魏州。三月，率众救安庆绪，大败官军，遂杀安庆绪，并其众。四月，思明自称大燕皇帝，改元顺天，以范阳为燕京。九月，乃留其子史朝清守幽州，发兵 4 路攻河南，所向披靡，再陷洛阳及河南诸州。十月，围李光弼于河阳，为光弼所败。上元二年（761）二月，思明以计大败李光弼于邙山，官军弃河阳、怀州，京师震动。思明遂与师乘胜西下。三月，思明攻陕州，战不利。乃陷罪其子史朝义，欲杀之。朝义乃与其将骆悦等袭杀思明而自立。

李白出京·遭到流放

李白离开长安后的 11 年中，继续在黄河、长江的中下游地区漫游。

在许氏夫人死后，李白又续娶宗氏于梁园，并以梁园、东鲁为中心北游燕赵，南游广陵，往来于宣城、金陵等地，生活非常放浪豪宕，浮生若梦、及时行乐的思想也有所发展。但他的心情始终是不平衡的，不少诗作都表现出壮志难酬的悲愤惆怅，《将进酒》、《宣州谢朓楼饯别校书叔云》都展现了他矛盾痛苦的内心世界。《梦游天姥吟留别》则明确表示诗人寄情山水、向往神仙境界的目的正是因为不愿"摧眉折腰事权贵"，放弃自己的自由和尊严。这个时期，李白从宫廷走到民间，对社会现象也看得更为清楚。《战城南》、《答王十二寒夜独酌有怀》都从各个方面深刻揭露了现实政治的黑暗与腐败。对黑暗现实的不屈服、不妥协的叛逆精神仍是这一时期创作的基调，其中也掺杂了一些消极颓废的思想。

天宝十四年（755），安史之乱爆发，当时李白正隐居庐山，见到国家动乱，生灵涂炭的惨象，诗人内心无比痛苦，希望能有机会为国家平叛立功。不久，

五代周文矩《文苑图》。此图绘四文士相聚吟诵属文之状。令人依稀可见唐代文人雅集的情景。

玄宗第十六子永王李璘由江陵率师东下，路经庐山，征召李白参加幕府。可是永王却被肃宗所忌，恐怕他一旦成功，会夺去皇位，至德二年（757），李璘为肃宗追讨死于乱兵中，李白也以从逆罪下浔阳（今九江）狱，不久，流放夜郎（今贵州桐梓一带）。幸而途中遇到大赦，得以东归。此时李白已59岁。

从告别长安到流放东归，这一段时期李白的代表作有安史之乱以前的《梦游天姥吟留别》、《战城南》、《答王十二寒夜独酌有怀》、《将进酒》、《宣州谢朓楼饯别校书叔云》等。安史之乱后有《古风·西上莲花山》、《永王东巡歌》、《卢山遥寄卢传御虚舟》等。

作为一个感情充沛的主观诗人，在他内心往往积蓄着深厚、强烈的感情，一遇外界契机触动，发而为诗，便如山洪爆发，喷涌而出，一气直下。如《宣州谢朓楼饯别校书叔云》："弃我去者，昨日之日不可留；乱我心者，今日之日多烦忧。长风万里送秋雁，对此可以酣高楼。蓬莱文章建安骨，中间小谢又清发。俱怀逸兴壮思飞，欲上青天揽明月。抽刀断水水更流，举杯消愁愁复愁。人生在世不称意，明朝散发弄扁舟。"又如《将进酒》："君不见

027

盛衰的转折

黄河之水天上来,奔流到海不复回;君不见高堂明镜悲白发,朝如青丝暮成雪。人生得意须尽欢,莫使金樽空对月。天生我材必有用,千金散尽还复来。……"这两首诗都是在一开始,郁积在诗人心中的炽烈感情就喷涌而出,"如虬飞蠖动,起雷霆于指顾之间"(沈德潜《唐诗别裁》),形成一种排山倒海、先声夺人的气势。接下来,诗中一连串感情抒发都是那样痛快淋漓,略无滞碍,如同大河奔流,一泻千里。诗人崇高的人品和理想与黑暗的社会现实发生了强烈的冲突,这不能不使他"万愤结绪,忧从中催"(《上崔相百忧章》),激起一阵阵难以抑制的悲愤不平。然而,尽管诗人一再感叹"但愿长醉不愿醒"、"古来圣贤皆寂寞"、"人生在世不称意,明朝散发弄扁舟",似乎悲观失望之极,但诗中直抒胸臆、一吐为快的抒情方式却使人读后并不感到沮丧压抑,相反还使人感到精神畅快,一吐胸中抑塞之气。李白诗多言穷愁失意,然极少塞促寒苦之态,这固然有他性格豪放豁达、诗歌形象瑰奇多姿的因素,但这种鼓荡气势、直率迸进、毫不掩抑收敛的抒情方式,无疑也是一个重要原因。清人赵翼在《瓯北诗话》中说李白诗歌"自有天马行空不可羁勒之势",所指出的也正是这种抒情方式的艺术体现。

刘晏论理财

唐代继续实行以控制市场为主的经济干预政策,具体体现一是政府对盐、茶、酒的专卖制度,即对产盐区实行官营官销(榷盐法),实行禁酒、征酒税和垄断酒的产销(榷酒法),对茶叶实行专卖和管制,征收茶税等(榷茶法);二是和籴、和买等政策,前者是官府以议价交易的名义强制征购粮食的措施,后者是官府发放贷款而规定百姓按期上缴绸绢等物的措施。

国家这些对经济的干预政策在一定程度上限制了豪富和商贾对盐茶酒以及粮食等买卖的垄断,有助于缓和封建自给自足经济与商品经济的矛盾。但在实际实施过程中成了政府敛财的主要借口,成了对百姓变相掠夺的手段,激起了更强烈的社会冲突。

上元元年(760),刘晏任盐铁史,开始了卓有成效的理财生涯,成为唐代最有效地贯彻政府干预政策的理财家。他在政府干预政策的范围内,从整治经济入手，以提高经济效益为中心，成功地达到既"养民"又能增加国家财政收入的目的。

刘晏认为理财必须以养民为先，"户口滋多，则赋税自广，故其理财，常以养民为先。"认识到培养税源的重要意义，是刘晏理财的一条基本原则。基于此，他发展了常平思想，把常平和生产自救结合起来，若粮食歉收，就组织其他副业生产，替灾民创造购买力，再以平价粮食换购。这样既避免了单纯赈济增加国家开支，又避免了由于单纯赈济反造成重敛百姓的恶性循环。在漕运和盐政改革中也始终贯穿了他的养民思想。如转运中采用雇佣劳动，"不发丁男，不劳郡县"的前所未有的政策；在盐法中允许私人运销，搞活盐市的措施等。这种理财以养民为先的作法是对历来立足于国家干预思想的重大修正，也是对唐代统治者在干预政策中损害民利指导思想的纠正。

刘晏在经济改革和调控市场的实践中，还体现出能可贵的以提高经济效益为中心的思想和注重商品经济原则的思想，使他在重视人才、加强信息情报工作的条件下，对漕运、盐法的改革和常平法的整顿方面取得很大成效。如在漕运中改由"船头"督运，徭役劳动改为官府自办，雇佣劳动等管理体制的改革，实行有酬劳动，推行"私雇"。同时改直达运输为分段接力运输，改散装运输为袋装运输，改部分陆运为全部水运，这样极大地调动了船工的积极性，达到高效、安全、节约的社会效益。在信息传递和他主持的铸钱、造船工业中也实行了雇佣劳动，引入了商品经济的物质利益原则，打开了人们的眼界，有利于发展商品经济。特别是他在专卖体制中打开的允许私人运销盐的缺口，使盐商广泛参与盐市活动，既裁减了盐的专卖机构，节省国家的大量费用开支，又能从盐商身上得到较高的税收，增加了国家的财政收入，对亭户、盐商和百姓都有很大好处。这一重要措施是刘晏超过前人之处，它避免了国家干预政策垄断抑制市场竞争机制的弊端。

经过20年的整治，刘晏的理财措施在一定程度上推进了江淮等地区经济的发展，扩大了税收，缓和了唐王朝的财政困难。

虽然未触动租庸调制度，未能从根本上消除赋税征收中的困难，但为德宗建中元年（780）全面展开的赋役改革措施提供了一个较为缓和平稳的社会经济环境和许多值得借鉴的思想与经验。

盛唐金银器多波斯风格

盛唐金银器工业在前代基础上有很大发展。大唐盛世政治稳定,经济繁荣,人民生活水平提高,消费水平也相应提高,金银器的普及使用大大促进了制作工艺的发展。

盛唐金银器加工技术有销金、拍金、嵌金、镀金、捻金、织金、披金、泥金、镂金、圈金、贴金、裹金、砑金、戗金等14种方法之多,这些金工技术综合运用,使金银器制作方法非常复杂。这时金银器主要有碗、杯、盘、碟、壶、罐、锅、

唐银镀金錾花鱼纹盘。除鱼纹装饰外,盘中尚有造型奇特、形象生动的双鱼戏珠。

唐金花鹦鹉纹提梁银罐

唐鎏金卧龟莲花纹五足彩带银熏炉

盒、熏炉、熏球、首饰等，器形精美，纹样生动。从风格上看，可以分为两大类型，一类继承传统，仍然采用中国传统陶瓷、铜器、漆器的器形和纹样，具有民族特色；一类受外国影响，器形和纹样都受波斯萨珊金银器影响，出现了表现西方题材的海兽葡萄纹、打马球纹等。还有一些金银器是从西方进口的，唐朝工匠从中吸取其长处，融入自己的制作中。

唐舞伎八棱金杯

北方金银器主要生产于皇家作坊。目前出土的最早金银器是甘肃泾川县大云寺舍利石函内的金棺银椁及金银钗。金棺和银椁都以锤鍱法制成，金棺以掐丝制成莲花、柿蒂、宝珠、流云、花草等图案，分别嵌以珍珠、石英、松石等。银椁錾刻阴线缠枝忍冬花枝，茎蔓纤细，卷舒有力，继承了南北朝工艺品的一些风格。这两件金棺银椁说明唐代仍以掐丝镶嵌作为金细手工艺的最高目标，它们代表了唐初金银工艺品的较高水平。

陕西西安东北郊大明宫东内苑遗址发现了大小银盘和银铤。从大银盘的纹线图案风格来看，应当是不晚于天宝年间的制品。大银盘为六瓣花口，边饰曲枝牡丹及花苞纹，盘心隐起回头张口的行狮，阴线处理细部，极为生动。盘底有铜铸卷叶式三足，造型典雅。

1970年西安南郊何家村窖藏出土了大批金银器，共270件，种类丰富。这批工艺品最能代表盛唐时期金银器风格特点。一个掐丝团花金杯，用掐丝制成团花和骨朵云形，中间嵌以珍珠、松石等，出土时嵌件虽已脱落，但仍能想象当时华美精致。又一件舞伎八棱金杯，通体锤錾隐起八个舞伎，构成绚丽多彩的歌舞场面，精湛的技艺、精巧的构思，令人赞叹。另有一件刻花赤金碗，先锤鍱成形，再錾隐起的双重花瓣和阴线花纹，金碗敞口撇足，足边缘焊一周联珠。这些器物的装饰面，采用十二瓣划分手法，且多S形或U形瓣，器底有焊接的装饰圆片，尤其八棱形器物的出现，显然受到萨珊银器工艺的影响，反映了初盛唐金银器时代特征。

盛唐金银器种类多样，除饮食器、药具、容器外，还有杂器、宗教用具

盛衰的转折

唐鎏金人物画银坛。唐代人喝茶有放盐的习惯。此为贮盐器。

等，装饰纹多具吉祥祝福之意，如以忍冬、莲花等纹样组成的象征连生贵子、多福多寿的石榴、桃、柿蒂纹等，纹样线条流畅，花繁叶茂，深受波斯工艺品风格影响。

杜甫流亡

天宝十四年（755）十月，杜甫离开长安往奉先县探家，十一月，安史之乱爆发，第二年六月，长安沦陷，杜甫一家老小加入了流亡的民队伍。他们先从奉先逃到白水，又从白水逃到鄜州。七月，太子李亨在甘肃灵武即位，即肃宗，改元至德。杜甫得知，将家人安顿在鄜州羌村，只身前往灵武见肃宗，不料途中被叛军俘虏，押到长安，途中目睹叛军烧伤掳掠的惨象，写下《月夜》、《悲陈陶》、《悲青坂》、《春望》、《哀江头》等诗，表达了自己悲哀愤恨之情和对亲人的深切怀念。

至德二年（757），杜甫冒着生命危险从长安逃出，到达陕西凤翔，肃宗褒奖他的忠心，授予他左拾遗之职。但他却因上疏救房琯罢官而触怒肃宗，几乎定罪。是年八月，他去鄜州看望妻子，写下著名的《羌村三首》和可与《自京赴奉先县咏怀五百字》相媲美的长诗《北征》，记述沿途及归家后所见所闻所感。第二年六月，他被贬华州司功参军，乾元二年（759）春，往河南旧居探亲，写下《新安吏》、《潼关吏》、《石壕吏》、《新婚别》、《垂老别》、《无家别》（简称"三吏"、"三别"）这两组名垂千古的诗篇。同年秋天，杜甫因不满李辅国专政，毅然辞官，一路辗转，十二月到达成都投靠高适等故交旧友。

这一时期是杜甫生活经历中最艰难的一段，他饱尝国破家亡的忧患痛苦，生活体验非常丰富，创作较多，今存诗249首。由于他和人民一起感受到战争的痛苦，在作品中更能客观地记述时代真实，有着"诗史"的伟大意义。

杜甫在这一时期的诗歌中表达了对人民深切的同情。他在"三吏""三别"中描写了农民、士兵、织妇、寡妇、老汉、儿童等深受战争之苦的人物形象，表达了他们渴望安宁和平生活的善良愿望，同时也劝勉人民走上前线以战斗

杜公祠,位于长安县城南 1.5 公里处,是纪念唐代伟大的现实主义诗人杜甫的祠堂,创建于明嘉靖五年(1526),清代修葺。

换取和平。诗歌颂扬了人民坚韧不拔为国献身的精神，同时也代表了诗人自己的政治态度。安史之乱爆发后，诗人不但在诗中抒发了"感时花溅泪，恨别鸟惊心"（《春望》）这样强烈的爱国情感，还通过诗歌来发表对军事形势和战略问题的意见，"孟冬十郡良家子，血作陈陶泽中水"（《悲陈陶》）、"焉得附书与我军，忍待明春莫仓卒"（《悲青坂》），凝聚了诗人对国家命运的关怀。

强烈的政治性和炽热的忧国忧民之情，是杜甫流亡时期创作的突出特点，它标志着诗人的创作进入高峰期。许多叙事性优秀作品更是思想性和艺术性的完美结合，代表了杜甫现实主义诗歌创作的独特成就。

唐白釉执壶。圆口，唇外侈，短颈，圆肩，深腹，腹向下收，近底处略张，平底，肩上前出一短流，后端为一扁圆把手，上与口沿相连，下与腹相接，施白色釉，釉匀光泽，胎质较硬，火候较高，造型精美，器型由两晋时演变而来，是常用的盛水器。

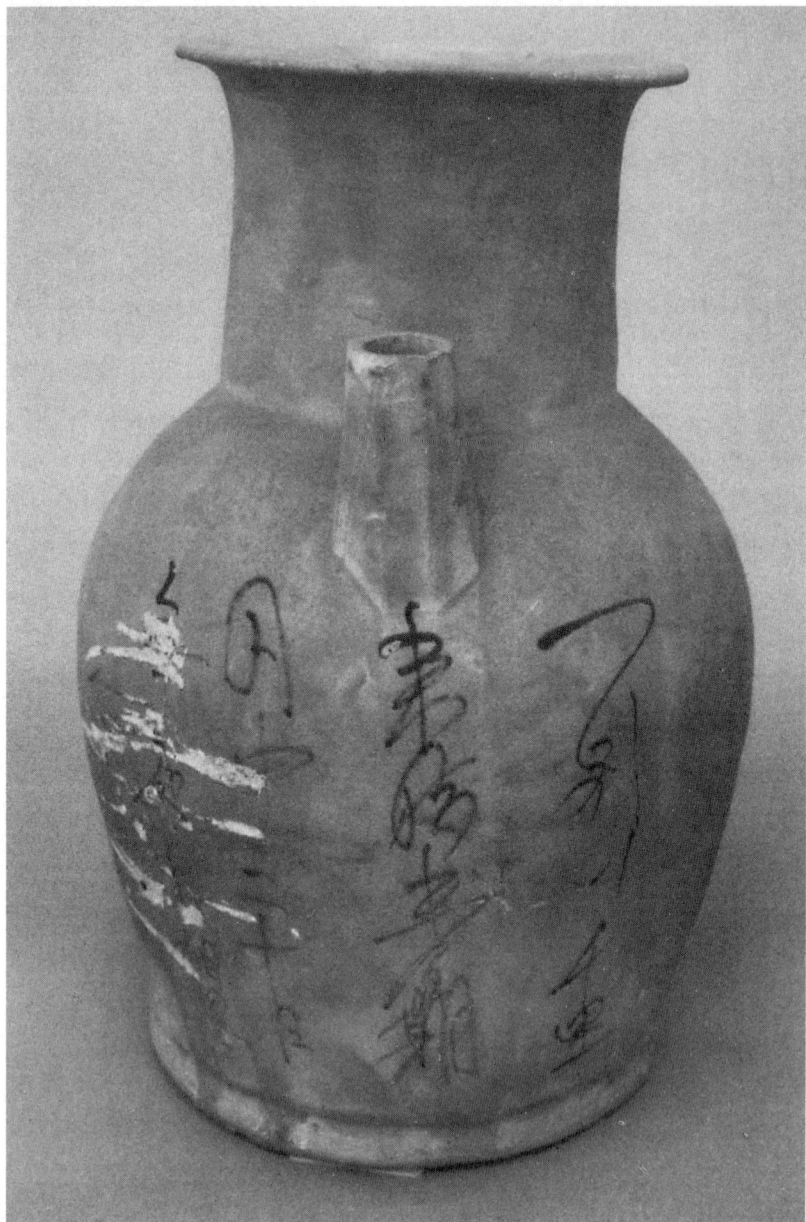

唐青釉褐彩诗文壶

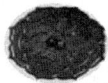

唐花釉壶

唐代加强人口管理

唐朝的疆域，到唐玄宗开元、天宝年间最为辽阔，它"东至安东，西到安西，南至日南，北至单于府"（《新唐书·地理志》）。比起汉朝版图，唐代疆域南北大致相同，东不及而西过之。辽阔的疆域为经济发展提供了良好的条件。

唐王朝特别注重户籍管理，不断清查户口，并辅以严密的乡里邻保制度，以确保户口登记和赋役征发的准确性。唐代前期对户口管理更为重视也更见成效。唐政府曾在贞观十三年（639）正式公布了各道州郡县的人口统计数，后来又曾多次公布官方统计的人口数。《旧唐书》、《元和郡县志》、《通典》、《资治通鉴》等史籍都或详或略地记载了唐代各地的户口数。但是，当时的统计并没有完全真实的反映出唐代实际人口数量。有人将各种零星记录的材料作了统计整理，发现唐代自武德至天宝末年，虽然户口在数目上逐渐增加，但直到天宝十三年（754）才达到9069154户，略多于隋代大业五年的户数。隋末战乱，十年即平，唐代自立国到玄宗当朝时已休养生息百年，人口数应该大大超过隋代，因此当时的统计数字肯定与事实不符，原因可能有两方面，一是民间隐匿人口不报官，二是下层官吏将统计数字作了改动后上报，这反映了当时的一些社会状况。天宝以后，安史之乱爆发，国家控制的户口数骤然下降，到乾元三年（760）降到1933174户，16990386口，与天宝十四年（755）相比，户数约损失700万，人数约损失3600万，从此，直到五朝末年，户口数一直没有恢复过来，如会昌五年（845）户数为4955151户，只有盛唐的一半。

天宝元年是唐朝的鼎盛时期，经济繁荣，生活安定，赋役较轻，隐匿人口现象不严重，政府统计数字较准确。经分析可以了解到京畿附近及河南、河北、淮南、江南诸道，人口分布较稠密，高于全国人口平均密度；而关内、山南、陇古、黔中、岭南等道人口密度则大大低于全国平均数。这反映了唐代各地区经济发展的不平衡：人口密度大的地区经济发达，人口密度小的地区则地处偏僻、经济落后。

王焘整理医学文献

唐天宝十一年（752），王焘编成《外台秘要》这一重要的医学巨著。王焘（670～755），唐代郿（今陕西眉县）人，自幼喜好医学，常与名医探讨医理和医术，从中受益非浅。他认为，虽然医学发展到他那个时代有了许多新的内容，但医家们对病因理论和医方的联系研究却不够，导致理论与经验脱节。为改变这种状况，他在掌管弘文馆（国家图书馆）的 20 多年时间里，认真研读了许多民间罕见的文献资料、医药书籍，去芜存精，遂条鉴别摘录，再经 10 余年的补充整理，才编成此书。

宇妥·宁玛元丹贡布雕像。《四部医典》是藏医学的主要经典，出自吐蕃王朝"医圣"宇妥·宁玛元丹贡布的手笔，成书于公元八世纪。

《外台秘要》共 40 卷，分别论述了内科病、五官病、瘿瘤、瘰疬、痈疽等病，二阴病、中恶、金疮、恶疾、大风等病，丸散等成方，妇人病，小儿病，乳石，明堂灸注以及虫兽伤和畜疾。全书分为 1104 门，每门以下，首先引述巢元方《诸病源候论》或其他名家对病因病理的认识，接着则列举诸家医方和方论。这种先论后方的方法，使医学基本理论、病证表现和治疗方药、方法紧密联系起来，很便于学习和应用。

《外台秘要》中所引录的每条资料，都注明了所出书名及卷数，如果同一方论见于多种医书，也都逐一详列异同，有的还注明作者自己的校勘意见，这一突出特点反映了王焘严谨的科学态度和整理文献的出众才能。王焘是中国历史上整理医学文献详注引书篇卷的第一人，不仅为后世提供了极为宝贵丰富的资料，还创立了整理文献的科学方法。书中共引录古代医学文献 69 家，

反映了晋唐年间许多已佚方书的基本内容，如早已散佚的陶弘景、范汪、陈延之、深师、崔氏、许仁则、张文仲等各名家的医方，都较多地收入《外台秘要》中。此外，书中还记载保留了古人的许多发明、创见和宝贵经验，如《肘后方》、《删繁方》等书记载的用竹片夹裹骨折部位的骨折固定法等。王焘在文献整理方面取得了重大成就，但他不是专业医生，所以《外台秘要》中少有独到的论述。

漆器的主要品种基本齐备

唐代漆艺空前发展，广泛地用于建筑装饰、室内家具、生活用品、文化娱乐品等方面。各种工艺达到了空前的水平。可以说漆器的主要品种在唐代已经基本齐备。

唐代的漆器主要有，金银平脱。这是一种嵌件镶在器物上，表面依旧平齐的髹饰方法，是将镂刻了花纹的金片和银片嵌贴到漆器上。它是从汉代流行的贴金银箔花纹漆器发展而来的，只是唐代的平脱金银片一

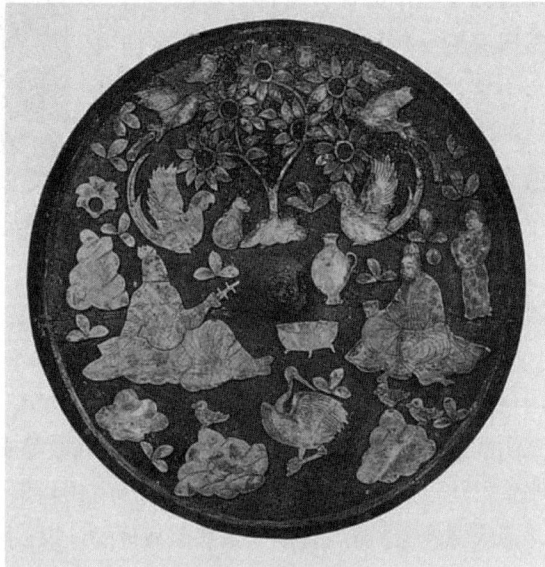

唐花鸟人物螺钿铜镜。镜背采用唐代时发明的螺钿工艺，即以漆粘贴用蚌壳制成的饰片，光泽丰富别具一格。

般面积比较大，用料也比较厚，镂刻的纹理比较深，故而显得更加富丽豪华、灿烂夺目。一色漆器。这是通体一色的漆器，但也有一器表里异色，或者表里同色，只是底足之内异色，仍称为一色漆器。这种漆器朴质无纹，所以又叫做"无纹漆器"。流传至今的一色漆器主要是琴。夹苎像，是指夹苎的技法塑造的人像。主要是佛像，后来也用这种技法制作人像以外的一般器物文玩。

夹苎像今天极少流传。嵌螺钿漆器。螺钿镶嵌其实也算是一种平脱。同样可以用在漆背铜镜。在河南三门峡一座墓出土的一件铜镜，漆背嵌镶着一条蟠龙，肥大却不失夭矫之势，四爪腾空、开张有力，气势非凡。在洛阳发现的人物花鸟纹镜比前者更加精美。钮上正中嵌花树，上有飞鸟，两侧有鹦鹉相对，下面有两个老人席地而坐，一个弹着乐器、一个拿着酒杯，很象是竹林七贤中的故事。近景是鹤舞蹁跹，水鸟悠闲地游动，更增加了园林的恬静气氛。在苏州瑞光塔发现的花鸟纹嵌螺钿黑漆经箱，箱下设有须弥佛的座位，就像是宫殿的台基。四面是门，里面刻的是金平脱的花纹。这个经箱是晚唐至五代的作品，可看作是金平脱和嵌螺钿相结合的一个实例。剔犀。剔犀是用两种或三种色漆在胎骨上每色刷若干道，积成一个色层，换一种颜色再刷若干道，如此有规律地由不同色层积累到一定的厚度，然后用刀剔刻出云钩、回纹、卷草等不同的图案，在刀口的新面显露出不同的色层，形成纹路，这实际上是一种雕漆的手法。

唐代已经出现的漆器还有：戗金、剔红、金髹、罩漆、彩绘、犀皮等多种，漆器制作的手法各不相同。

唐朝

761A.D. 唐上元二年

鱼朝恩迫李光弼攻洛阳，光弼等与史思明战于邙山，大败，河阳、怀州皆陷。三月，史思明为其子史朝义部将所杀，史朝义即位。

762A.D. 唐代宗李豫宝应元年

李光弼拔许州。河东军乱。朔方诸道行营军乱。镇西、北庭行营军乱。以乱事叠起，封郭子仪汾阳王，命知朔方、河中、北庭、潞泽节度行营兼兴平、定国等军副元帅以镇抚之。肃宗死，宦官李辅国杀皇后张氏等，引太子即位，是为代宗，尊李辅国为尚父。五月，郭子仪至军，诛作乱者。六月，解李辅国兵柄，以宦官程元振代之。以雍王适为天下兵马元帅，会诸道及回纥兵于陕州，以讨史朝义，大破之，斩俘八万，朝义遁。大诗人李白死。

763A.D. 唐宝应二年广德元年

正月，史朝义自莫州突围走，其部将田承嗣降，范阳李怀仙亦降，史朝义自缢死。十月，吐蕃掠泾州，攻邠州、武功、奉天，命雍王适为关内元帅，郭子仪为副元帅以御之，帝东走陕州。吐蕃入长安，立邠王之孙承宏为帝。越十二日，郭子仪兵至，吐番遁去。十二月，帝还长安，以鱼朝恩为天下观军容宣慰处置使，总禁兵。鉴真去世于日本。

765A.D. 唐永泰元年

九月，仆固怀恩引回纥、吐蕃、吐谷浑、党项、奴剌分三道入边，怀恩寻死，部下互哄。郭子仪单骑说回纥使击吐蕃，回纥从之，合兵大破吐蕃于灵台西原，斩杀万计，得所掠男女四千人，旋又破之于泾州东。

770A.D. 唐大历五年

二月，诛鱼朝恩。是岁，大诗人杜甫死。诗人岑参去世。

762A.D.

阿拉伯哈里发命在巴格达修建宫殿，以为国都，四年而成。巴格达不久成为具有世界意义之都市，宫殿壮丽，市廛殷富。

筒车发明

筒车于唐代发明和使用。杜甫诗中已提及筒车的一种。《太平广记》卷250记载了唐初人邓玄挺入寺行香，看到庙里僧人浇菜园的水车是"以木俑相连，汲于井中"。

这里的筒车结构是将一串木斗挂在立齿轮上，在轮轴两端伸延部分处装上供脚踏或手摇的装置。水轮由木制，轮上缚以小竹（木）筒作兜水工具，下端设置在流水之中，利用水流冲击轮子转动，提水上升，就达到"钩深致远"，"积少之多"，冲破涯岸的阻隔，使水为农桑服务的目的。

刘禹锡《机汲记》中所说的"机汲"更为进步，它是利用架空索道的辘轳汲水机械，为辘轳汲水法的重大发展。它又利用架空索道和滑轮的帮助，把上下垂直运动改变为大跨度的斜向运动，有利于江河两岸农田的灌溉。

首条涪陵石鱼建成

据宋代题记，唐广德二年（764）即在长江中建有石鱼。涪陵石鱼是古代长江中游枯水位的石刻标志。位于四川涪陵县北长江江心的白鹤梁上，由西向东长 1600m 以上，与长江流向平行，南北宽 10 ~ 15m，常年淹没在水下，只在某些年份冬春水位最低时，才露出江心。在梁的倾斜面上是鱼形图案与文字题记纵横交错的石刻群。已发现的鱼图中有三条是康熙二十四年（1685）刻的清代双鱼，以及根据宋代题记上溯唐广德二年（764）以前所刻鱼图，具有相当于现代水尺的作用，是历代记录不同年代不同枯水位的固定标志。在已发现的宋元明清约 160 余条题记中，除记年月外，往往记有"双鱼已见，水到此鱼下五尺，水去鱼下七尺"等字样，留下一批长达千年以上可供分析研究的枯水位宝贵记录。

史朝义杀父自立

上元二年（761）三月，史朝义杀父自立，改元显圣。

史朝义是史思明的长子，长期领兵随父作战，宽厚谦谨，善待士卒，颇得人心。史思明称帝后，封朝义为怀王。史思明猜忌心益重，且残忍滥杀，部下稍不如意，动辄灭族。他只宠爱其少子朝清，想杀掉朝义，立朝清为太子。众将领都看出史思明的图谋，并告知了朝义。

上元二年（761）二月，史思明在邙山击败李光弼，准备乘胜西入潼关，于是派史朝义任先锋，从北路袭击陕郡，自己则亲率大军从南路进攻。三月九日，史朝义在礓子岭被唐军击败，史思明大怒，认为史朝义怯敌，想按军法诛杀史朝义及其他将领。三月十三日，史思明又命朝义筑三隅城以屯军粮，限一日完工。史朝义未能如期完成，又遭斥责。史思明还声言，攻克陕州后，一定要杀朝义。史朝义心中十分忧惧。

当天夜晚，史思明住在鹿桥驿，命令心腹大将曹将军宿卫。史朝义部将骆悦、蔡文景都劝他杀父自立，史朝义于是召曹将军共商计谋。曹将军已知众将对史思明不满，深怕祸及于己，不敢抗拒。骆悦等领兵闯入史思明寝所，缢杀了思明。朝义即帝位，改元显圣，并派人到范阳杀掉史朝清，及其母辛氏等人。范阳城内因此引起混战，叛军内部分裂，相互残杀，洛阳周围数百里州、县都变成了丘墟，数月后叛乱才被平定。

唐代大诗人李白醉逝

宝应元年（762），唐代大诗人李白逝世，享年62岁。

安史之乱爆发后，李白怀着消灭叛乱、恢复国家统一的志愿，进入永王璘幕府随军东下。至德二年（757）永王叛败被杀，李白也因此流放到夜郎（今湖南沅江），幸而中途遇赦得以东归，时已59岁。上元二年（761），李白准备随李光弼追击史朝义，因病中途返回。第二年他在其堂叔当涂（今属安徽）

《李白行吟图》。南宋梁
楷作。

宋代刻本《李太白文集》

家中因饮酒过度醉逝。李白是继屈原后我国古代最伟大的浪漫主义诗人，他与杜甫等人共同推进并完成了陈子昂所开创的诗歌革新运动，影响深远。现存诗 900 余首、散文 60 多篇，均收入宋代宋敏求所编的《李太白全集》（30 卷）中。李白的诗"清水出芙蓉，天然去雕饰"，感情真炽热情奔放，想象力丰富，语言朴素优美，形式变幻多样，真可谓"笔落惊风雨，诗成泣鬼神"。

刘晏被贬 · 元载理财

上元二年（761）十一月，户部侍郎刘晏被贬，元载代其理财。

刘晏，曹州南华人。上元元年（760）五月，肃宗任命京兆尹刘晏为户部侍郎、充度支、铸钱、盐铁等使，总理财政，负责军需用度。

不久，有人告鸿胪卿康谦与史朝义勾通，并牵连司农卿严庄，二人被收下狱。刘晏遂派官吏防守庄家。后肃宗下敕庄出狱，并引见之。庄怨恨刘晏，因借机说：晏与我谈话，常泄禁中语，并恃功怨陛下。上元二年（761）十一月六日，刘晏被贬为通州（今四川达县）刺史。次日，以御史中丞元载为户部侍郎、充度支、铸钱、盐铁兼江淮转运等使。

元载，凤翔岐山人。宝应元年（762）正月，元载又被任为租庸使。他认为江淮地区虽经兵荒，但百姓还是比其他地方富足。于是，按户籍向江淮百姓追征天宝末年以来积欠的 8 年租调，选派悍吏催办此事。在征收时，不问

是否有欠负，不计资产多少，见百姓家有粟、帛，即率众围之，强取一半，甚至十取八九，谓之"白著"。有不服者，就用严刑威逼，致使江淮百姓逃往山林薮泽，进行反抗。

代宗立·杀李辅国

上元年间，肃宗皇后张氏与李辅国狼狈为奸，专权用事。晚年二人因权益之争产生矛盾，李辅国于是与程元振结党。宝应元年（762）四月，肃宗病重，张皇后对太子说：李辅国久典禁兵，皇帝制敕皆从之出，……现在皇上到了弥留之际，李辅国与程元振阴谋作乱，不可不诛杀。太子回答：陛下已病危，这两人都是陛下旧臣，如不禀告而杀了他们，只怕陛下受不了这种打击。太子走后，张皇后立即召见越王系，又从宦官中选出200多名强壮勇敢之士，埋伏在长生殿后，准备诛杀李辅国。四月十六日，张皇后假传圣旨召太子入宫，程元振将此事密告辅国，于是二人在陵霄门外埋伏士兵等待太子，并告之张皇后的图谋，随后派兵护送太子至飞龙厩。当晚，李辅国、程元振率兵逮捕越王系等百余人，并以太子之命迁张皇后至别殿。

第二天，肃宗病逝，享年52岁。李辅国接着杀死张皇后和越王系等，于四月二十日，拥立太子即位，是为代宗。

代宗即位后，李辅国自恃有立皇帝之功，日益骄横。他明确对代宗说："皇上只住在禁中就行了，外事听老奴处分。"代宗忌其手握禁兵，表面上尊从他，朝中大小事都先咨询他，群臣出入禁中也都先谒见他，李辅国认为理所当然。李辅国又任命内飞龙厩副使程元振为左监门卫将军，同时将知内侍省事朱光辉及内常侍啖庭瑶、山人李唐等20余人流放到黔中（今贵州）。五月四日，李辅国被任命为司空兼中书令，进爵博陆王。

当时，宦官飞龙副使程元振又与代宗密谋，剥夺李辅国兵权。六月十一日，解除李辅国行军司马及兵部尚书之职，任命程元振代判元帅行军司马，命李辅国迁往他处居住，于是朝野庆贺。李辅国恐惧，于是上表让位。六月十三日，代宗再罢黜李辅国中书令之职。李辅国对代宗说："老奴不能侍奉郎君，请归地下侍奉先帝。"代宗安慰他一番后让他离去。

虽然代宗对辅国的专横十分不满，但念其杀张皇后有功，故不想公然诛杀他。十月十七日夜，代宗派盗贼潜入辅国住处，杀死李辅国并偷走其头及一臂。随后代宗令有司捕盗，又派中使慰问其家人，为其刻木头下葬，并赠太傅。

唐与回纥收复东京

宝应元年（762）九月，代宗遣中使刘清潭出使回纥，以修旧好，并请兵助讨叛军史朝义。这时史朝义也遣使诱回纥登里可汗说：唐天子相继驾崩，现中国无主，可汗应率兵速来收其府库。登里信之。清潭致敕书给登里说："先帝虽弃天下而去，但太子已继皇位，今天子即曾与叶护一起收复两京的广平王。"回纥乃起兵至三城，见唐州县因战乱皆为丘墟，遂有轻唐之意。清潭遣使告朝廷：回纥举全国10万之兵来。唐京师震骇。代宗于是派殿中监前往忻州南犒劳。又派怀恩去与登里可汗相见。怀恩的女儿是登里可敦（即登里妻）。经再三协议，登里可汗同意从陕州大阳津（今河南陕县）渡过黄河，以太原仓粟供济，与诸道兵一起进讨史朝义。

宝应元年（762）十月十六日代宗以雍王适（即德宗）为天下兵马元帅，会诸道节度使及回纥兵于陕州进讨史朝义。十月二十三日，命仆固怀恩与回纥左杀为前锋，陕西节度使郭英乂、神策军观军容使鱼朝恩殿后，从渑池入，泽潞节度使李抱玉从河阳入，河南等道副元帅李光弼从陈留入，雍王适留驻陕州。十月二十七日，攻克怀州。十月三十日，官军阵于横水，叛军数万立栅自守。怀恩与回纥兵大败叛军。史朝义率10万精兵来救，阵于昭觉寺，官军突袭之，虽杀伤甚多，而叛军阵不动。鱼朝恩又派射击手500人力战，杀死叛军甚众，但叛军阵依然。镇西节度使马璘单骑突入敌阵，夺其两盾牌，叛军左右遂退，官军乘机进攻，叛军大叛，后转战石榴园、老君庙，杀叛军6万余人，俘2万。朝义率轻骑数百东走。怀恩率兵克东京及河阳城。此后官兵乘胜连克郑州、汴州、汝州。回纥、朔方、神策军入州县后，大肆杀掠，3个月才停。

吐蕃侵入长安

安史之乱爆发后，唐边地精锐之兵都被征发入援，边防空虚。吐蕃乘此之机，数年间蚕食了西北数10州，占据了河西、陇右等地，从凤翔以西，汾州以北的广大地区，都受吐蕃控制。

广德元年（763）十月，泾州刺史高晖投降吐蕃。吐蕃率吐谷浑、党项、氐、羌20余万人，渡过渭河沿山向东进军，京师震骇。代宗任命雍王适为关内元帅，郭子仪为副元帅，出镇咸阳抵御吐蕃。敌众我寡，郭子仪请增兵，被程元振所阻。不久吐蕃渡过便桥（今咸阳西），代宗仓促逃往陕州，六军逃散。郭子仪闻讯后，立刻从咸阳赶回长安，救下丰王珙等10王至行营。十月八日，代宗到达华州，观军容使鱼朝恩率神策军从陕郡前来迎接。十月九日，吐蕃进入长安，烧杀抢掠，长安萧然一空。吐蕃改立广武王承宏为帝。

史朝义自缢·安史之乱结束

广德元年（763）正月，史朝义兵败自缢，安史之乱从此结束。

广德元年（763）正月，史朝义被唐军围困在莫州，屡战屡败，部将田承嗣游说史朝义亲往幽州，搬兵以救莫州。史朝义出发后，田承嗣即刻将城池献给唐军，把朝义的母亲、妻子和儿子送到官军营帐。当时，朝义部将范阳节度使李怀仙已先投降唐朝，并派兵马使李抱忠镇守范阳。史朝义赶到范阳后，李抱忠拒绝让他入城。眼看唐军追兵就要到了，史朝义告谕抱忠，说大军尚在莫州，自己亲来征兵救援，并斥责抱忠不顾君臣之义。抱忠说："天不助燕，唐室复兴，我已归顺唐朝，不能再为反复！"又说，"田承嗣一定已经降唐，不然官军不会这么快追击至此。"史朝义听后非常恐惧，又说他一早至今尚未进食，请求抱忠请他吃顿饭。抱忠于是派人将食物送至城东。朝义的范阳部属见此情形，都辞他而去，朝义涕泣而已，饭后独自与胡骑数百人向东直

唐宦官壁画

奔广阳（今北京密云北），广阳也不接受他。无奈，他只得又逃纥奚、契丹。行至温泉栅（今河北迁安西南）时，李怀仙的追兵已到，史朝义走投无路，于是在林中自缢而死。至此，历时 8 年的安史之乱终于平定。

宦官鱼朝恩观军容使

广德元年（763）十二月，代宗任命宦官鱼朝恩为观军容使。

鱼朝恩，泸州泸川人。天宝末以宦官入内侍省，性黠慧，善宣纳诏令。德中时期，常被令监军事。九节度使在相州讨伐安庆绪时，不设统帅，但以朝恩为观军容宣慰处置使。广德元年（763）十月，吐蕃入侵，代宗出奔陕州。当时禁军大多离散，只有朝恩率领神策军奉迎代宗，大振军心。因此代宗格外宠朝恩。十二月，代宗还长安，命朝恩为天下观军容宣慰处置使，专领神策军，权宠无比。朝恩在鄠县（今陕西户县）及中渭桥，屯兵以备吐蕃，命宦官骆奉仙为县筑城使，遂帅其兵。

仆固怀恩叛乱

广德二年（764）正月，尚书左仆射兼中书令、朔方节度使仆固怀恩叛唐。

回纥可汗是仆固怀恩的女婿，自以为安史之乱以来，英勇力战，全家为朝廷而死者46人，女又嫁回纥，得回纥兵入援，收复两京，平定河南、河北，功大无比。而反为人诬陷，怒而上书自讼。九月二十二日，代宗遣裴遵庆至绛州慰谕怀恩，令其入朝。怀恩听信部将劝言，辞不入朝。

仆固怀恩既不为朝廷所用，即与河东都将李竭城密谋攻取太原，派其子仆固率兵进攻，为辛云京所败。代宗听颜真卿、李抱真之言，知朔方将士皆思郭子仪。广德二年（764）正月，以子仪为关内、河东副元帅、朔方节度大使、河中节度使，怀恩部下听后军心动摇。二月，仆固在围攻榆次时被部将攻杀。怀恩遂与部下300骑渡河北逃。当时朔方大将军浑释之守灵州，误听其甥张韶所言，接纳怀恩，怀恩杀浑释之和张韶。

不久，仆固怀恩引回纥、吐蕃10万余众入寇。京师惊骇。代宗问郭子仪退敌方略，子仪说：怀恩不能有所作为。广德二年（764）八月十六日，子仪

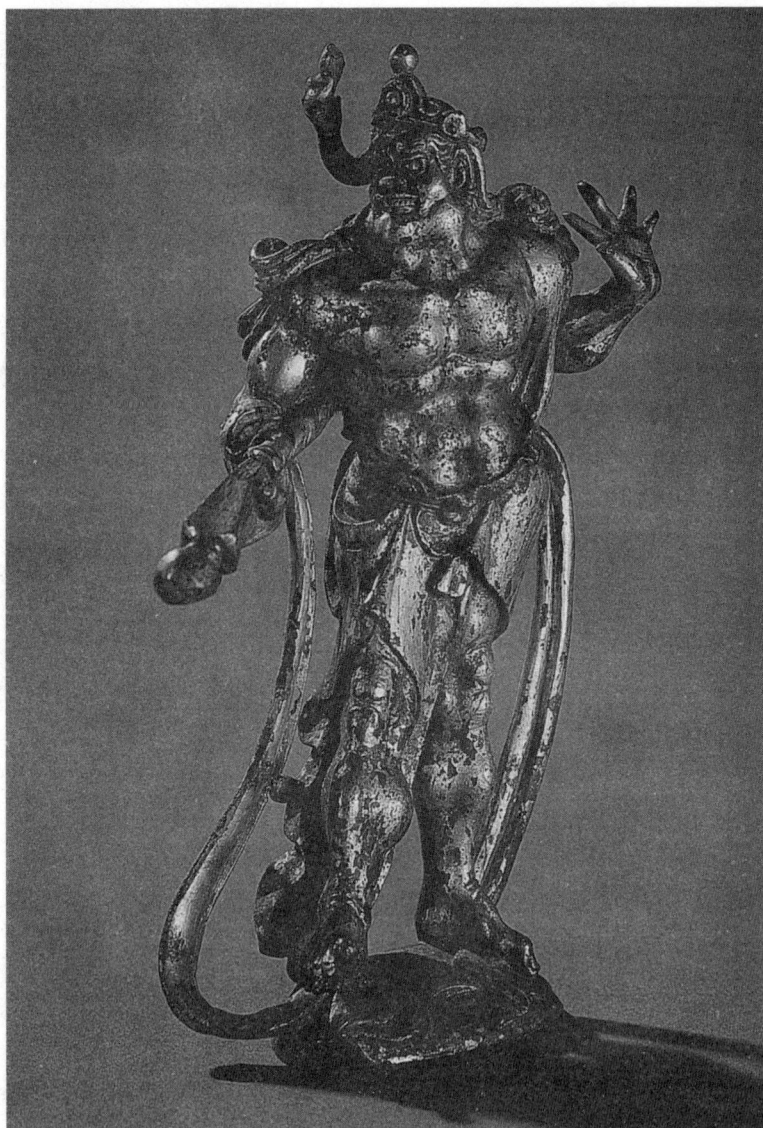

唐力士立像

出镇奉天（今陕西乾县）。九月中旬，吐蕃逼近汾州，子仪遣其子朔方兵马使郭日希领兵救急。怀恩前军至宜禄，子仪使右兵马使李国臣率兵为郭晞后援。邠宁节度使白孝德在宜禄打败吐蕃。十月，怀恩引军至汾州，白孝德、郭晞闭城拒守。怀恩转攻奉天，子仪固守坚壁以待之。十月七日夜，子仪率兵在乾陵之南布阵。八日天未明，回纥、吐蕃军大至，见官军严阵以待，遂不战而走，其他各路亦退。

永泰元年（765）九月，怀恩引回纥、吐蕃、吐谷浑、党项、奴剌兵数十万入寇。九月八日，怀恩中途遇暴疾，死于鸣沙（今宁夏青钢峡）。

元载专权

广德元年（763）十二月二十八日，代宗以苗晋卿为太保，裴遵庆为太子少傅，并罢政事。这样元载权势益盛。他厚结宦官董秀，多送金、帛，使主书卓英倩密与之往来，代宗欲有所为，元载必先知之，出言即与代宗意合，于是代宗更宠信他。华原令顾繇上言，元载子伯和等招权纳贿，代宗反将顾繇流放锦州。永泰二年（766）二月，元载恐再有人揭其私，于是以代宗名义下令，凡百官奏事，都要先报告各部门长官，长官再报告宰相。如长官、宰相有必要再报告皇帝。刑部尚书颜真卿反对，认为这样皇帝会自掩耳目，堵塞言路。元载把他贬至峡州（今湖北宜昌）。于是元载日益专权。

蜀中大乱

永泰元年（765）闰十月，崔旰袭击成都，驱逐郭英乂，引起蜀中大乱。

唐肃宗时，朝廷任命严武为剑南节度使。永泰元年（765）严武死后，都知兵马使郭英乂与都虞侯郭嘉琳共请求任命郭英乂为节度使。而西山都知兵马使崔旰却请求立大将王崇俊。这时朝廷已任命英乂为节度使，英乂到达成都后先杀害了王崇俊，随后又召崔旰还成都。崔旰以防备吐蕃为由未至，并率兵转入深山。英乂大怒，下命断绝其供济，亲率大军入山攻之，兵败而还。崔旰指责英乂谋反，于闰十月二十三日率兵攻入成都，大败郭英乂，郭英乂独自逃往简州，后被普州刺史韩澄所杀。崔旰入蜀后，邛州、泸州、剑州各守将率兵讨伐崔旰，于是蜀中大乱。第二年（766）二月，宰相杜鸿渐奉诏率兵平定蜀乱，八月，杜鸿渐到达成都。他把州府政事全部交给崔旰处理，并多次向朝廷推荐崔旰，请求让崔旰代替自己的职位，另外任命起兵讨旺的各州将领各为本州刺史。代宗无奈，只得任命崔旰为成都尹、西川节度行军司马。大历二年（767），鸿渐回朝，力荐崔旰担当重任，七月，代宗擢升崔旰为西川节度使。

不痴不聋不作家翁

唐代宗敬重郭子仪，以礼相待，常称其为大臣而不呼其名。郭子仪之子郭暧曾与其妻升平公主相争辩，郭暧说："你倚仗你父亲是天子吗？我父亲并不看重天子的位置所以不当天子！"升平公主大怒，将此事告诉了代宗。代宗说："事实就是如此，如果子仪想当皇帝，天下岂是你家所有？"他安慰公主一番后即命其回家。郭子仪听说此事后，囚禁了郭暧，然后入宫请罪。代宗说："古语云'不痴不聋，不作家翁'。儿女们在闺房中所说的话，不值得怪罪！"郭子仪回家后，杖打了郭暧数十下。此事即是戏剧《打金枝》的原本。

代宗崇佛

唐代宗起初喜好道教祠祀，并不甚信佛。及元载、王缙、杜鸿渐为相，皆崇信佛教，而王缙尤甚，不食荤血，与鸿渐造寺无穷。代宗曾问："佛教所说因果报应，果有其事否？"元载等奏说："国家运祚灵长，如果不植福业，何以致之？如果福业已定，虽有小灾小，亦不能为害。所以安禄山、史思明叛乱，终被儿子杀死；仆固怀恩反，出门病死；回纥、吐蕃大举入寇，不战而退。此皆非人力所及，怎能说没有因果报应呢！"代宗因此深信佛教，常于禁中

唐佛画残片

唐阿弥陀佛经变残片

饭僧百余人。如遇外族入寇，就请僧人讲《护国仁王经》，退兵后重加赏赐。胡僧不空，官至卿监，爵为国公，出入禁中，势移权贵。京畿良田美利多归僧寺。于五台山造金阁寺，铸铜涂金为瓦，所费巨大。王缙又给中书符牒，令五台僧人散之四方，求利以营建佛寺。元载等每见代宗，都谈说佛教之事，因此中外臣民承流相化，皆废人事而崇佛事。

元载诛鱼朝恩

大历五年（770）三月，元载奉代宗意旨诛杀鱼朝恩。

鱼朝恩专掌禁军，势倾朝野。常喜欢在大庭广众之下恣谈时政，侮辱宰相。元载虽然勉强辩解，也沉默不敢应。神策军都虞侯刘希暹，都知兵马使王驾鹤，皆得朝恩宠信，希暹劝说朝恩在北军设狱，诬告富室，收缴其家资入军，并分赏告捕者。朝恩上奏，都以必允为止。朝廷政事稍有不预知者，就怒说："天下事有不由我此邪？"代宗闻之不悦。朝恩养子令徽年尚幼，因与同属争执，朝恩便见代宗，乞赐其紫衣，代宗还未答应，有司已执紫衣于前，令徽服之，然后拜谢。代宗虽允，心尤不平。

元载测知代宗之意，乘机奏朝恩专恣不轨，请除之。代宗知天下共怨怒，遂令元载谋划除朝恩之策。朝恩每入殿堂，常使射生手周皓帅百人自卫，又使其党羽陕州节度使皇甫温在外为援。元载皆以重金贿赂交结，所以朝恩阴谋密语，代宗都能知道，但朝恩不觉。大历五年（770）正月二十七，元载为代宗谋划，以皇甫温为凤翔节度使，表面加重了朝恩的权势，实际以温为内应自助。元载又请以兴平、武功、天兴、扶风隶于神策军，朝恩喜于得地，不以元载为意。二月五日，刘希暹觉代宗意图异常，以告朝恩，朝恩始疑惧，然代宗每见之，辄对朝恩礼有加，朝恩亦因此而安。皇甫温至京师，元载留之未遣，因与温及周皓密谋诛朝恩。三月十日是寒食节，代宗设酒宴贵臣于禁中，元载守中书省。宴罢，朝恩将还营，代宗留之议事，周皓与左右遂擒朝恩缢杀之，外人无知者。代宗遂下诏：罢朝恩观军容等使，内侍监如故，并骗说朝恩受诏后自缢而死。然后赐钱六百万以葬之。三月十四日，加刘希暹、王驾鹤御史中丞，以安北军之心，并尽释鱼朝恩之党。

杜甫漂泊西南

杜甫的晚年在西南各地度过，他在诗中说自己"漂泊西南天地间"（《咏怀古迹》）。

乾元二年（759）底，杜甫来到成都，在亲友的帮助下在成都西郊浣花溪畔建起一座草堂，有了一个安身之所。他和孩子们种菜种药、养鸡养鹅，怡然自得，写下不少歌咏村居生活、自然风光的作品。在成都尹严武的庇护下，杜甫度过了一段安宁静谧的田园生活。代宗宝应元年（762）七月，严武应召

四川成都杜甫诗史堂

入朝，成都少尹徐知道叛变，杜甫再次流亡。

宝应二年（763）春，延续八年的安史之乱被平定，杜甫闻讯欣喜若狂，写下"平生第一快诗"《闻官军收河南河北》，真实表现了诗人渴望祖国和平统一的热切心情，是诗人爱国热情的自然流露。但此时国内战乱局面并未澄清，吐蕃大举入侵，杜甫写了《早花》等诗陈述他的政治思想。

广德二年（764），严武回成都任职，他举荐杜甫任节度参谋等职，但杜甫不惯幕府生活，又回到草堂。这一时期，杜甫写下《枯棕》、《病桔》等诗，对人民的痛苦表示同情，在《茅屋为秋风所破歌》中更推己及人，情愿以自己"冻死"作代价换取广大人民的温暖，表现了崇高的精神境界。

永泰元年（765），严武去世，杜甫失去依靠，不得不率家人离开草堂，乘舟东下，漂泊于云安、夔州间。他感到自己日渐衰老，便抓紧时间进行创作，说："他乡园迟暮，不敢废诗篇。"（《归》）。这一时期他创作上大丰收，短短两年竟写了四百三十多首诗，内容十分丰富，从国家大事、友人交往到个人身世都有涉及。《昔游》、《壮游》、《遣怀》等五古和《诸将五首》、《秋兴八首》、《咏怀古迹五首》、《又呈吴郎》等七律都是这一时期的代表作，《白帝》、《登高》以及《秋兴八首》等七律在艺术上达到登峰造极的地步，被后人奉为圭臬。

大历三年（768）正月，杜甫感到越来越虚弱，便想回河南老家。一路兵荒马乱，从江陵到长安、岳阳、潭州、衡州，他的健康状况更糟。但无论身在何处，他的眼睛始终密切注视着人民的疾苦，他写了《遭遇》、《宿花石戍》、《岁晏行》、《登岳阳楼》等作品，不仅对人民遭受战乱的痛苦充满深切同情，而且对统治者不顾人民死活、横征暴敛的行为表示极大的愤慨。他在《逃难》诗中说："五十白头翁，南北逃世难。疏布缠枯骨，奔走苦不暖。已衰病方入，四海一涂炭。乾坤万里内，莫见容身畔。"将自己的遭遇和国难联系在一起。

杜甫在漂泊西南的 11 年内，写下 1000 余首诗，占全部杜诗的 70%，大部分是绝句和律诗，其中有不少长篇排律。

唐韩滉《五牛图》（之一）

唐韩滉《五牛图》（之二）

唐韩滉《五牛图》（之三）

唐韩滉《五牛图》卷。纸本设色。五头牛均用粗放的笔墨画出，风格古朴，造型准确，形态生动，恰如其分地表现出筋骨和皮毛的质感。纸为麻料制作，这是唐纸的特点。韩滉生于唐玄宗开元十一年（723），卒于唐德宗贞元三年（787），字太冲，长安（今陕西西安）人，官两浙节度使、宰相，封晋国公，曾参与平定藩镇叛乱的斗争。

边塞诗人岑参去世

唐大历五年（770），诗人岑参去世，年约55岁。

岑参（约715~770），荆州江陵人。天宝三年（744）进士及第，任右内率府兵曹参军。天宝八年（749），岑参随安西节度使高仙芝赴安西任掌书记，天宝十载（751）又随封常清赴北庭任清判官，大历初（767~768），再任嘉州（今四川乐山）刺史，世称岑嘉州。岑参早年写过不少山水诗，后几度出塞，久在幕府，故以边塞诗见长，如《白雪歌送武判官归京》、《轮台歌奉送封大夫出师西征》等，都是唐代边塞诗的优秀作品。他与高适并称"高岑"，所著有《岑嘉州诗集》8卷流传后世。

现实主义诗人杜甫病逝

唐大历五年（770），大诗人杜甫病逝于旅途中，享年59岁。天宝十四年（755），杜甫被任命为右卫率府胄曹参军。第二年安史之乱爆发后，杜甫颠沛流离，曾一度被俘，囚于长安。随后逃出赶到凤翔，被肃宗任命为左拾遗。乾元元年（758），因受宰相房琯被贬牵连，杜甫也被贬到华州。杜甫亲历民间疾苦，创作了不少光辉诗篇。乾元二年（759）杜甫又到成都、云安和夔州等地，写下了不少回忆生平的诗篇。大历三年（768），杜甫沿江而下，漂泊于岳州、潭州、衡州一带，770年病死于湘水舟中。

杜甫是现实主义诗人，他的诗反映了唐代社会由盛到衰的变化，再现了安史之乱前后的重大事件，被公认为"诗史"，现存诗1400余首，文20余篇。

杜甫一生，以饥寒之身永怀济世之态，处穷困之境而无厌世之念，在创作上集古典诗歌艺术之大成，并加以创新和发展，给后代诗人以广泛影响。杜甫在世时，其诗不为时人所重，逝世40年后才被韩愈、白居易、元稹等人

杜甫（712~770），字子美，生于河南巩县瑶湾，自称"杜陵布衣"，是现实主义风格的代表诗人，被奉为"诗圣"。

盛衰的转折

杜甫草堂。四川成都的"杜甫草堂",是杜甫在成都居住的遗址。

重视。元白发起的新乐府运动，在文艺思想方面深受杜甫影响，李商隐近体诗中讽喻时事的名篇，在内容和艺术上也深得杜诗精髓。宋代王安石、苏轼、黄庭坚、陆游等大批诗人都从不同方面继承了杜甫的传统，对他的诗风推崇倍至。

王冰注《素问》

宝应元年（762），唐代医学文献家王冰撰成《注黄帝素问》，也称《次注黄帝素问》。王冰（公元8世纪），自号启玄子，曾任太仆令，人称王太仆，自青年时代起便爱好养生，留心医学，对《素问》有颇深的研究。《素问》是《黄帝内经》的组成部分之一。《黄帝内经》成书后，分《素问》、《九卷》两部分流传于世。在流传过程中，医家们常常按照自己的主观意愿重新安排篇章结构，甚至调换了《素问》和《九卷》中的部分内容，因而出现了多个《内经》传本。虽然《素问》的书名未曾改变，但王冰认为《素问》的传本中存在许多纰缪，如篇目重迭，前后矛盾，词不搭义等。于是，他潜心研究12年，对《素问》进行了全面的整理和疏证。所撰《注黄帝素问》是继南北朝全元起的《注黄帝素问》与隋代杨上善的《黄帝内经太素》之后出现的又一部重要的《素问》注本，经宋代林亿校订后，以《重广补注黄帝内经素问》的书名颁布，是现存《黄帝内经素问》的最早祖本，反映出唐代在医学文献整理方面所取得的重大成就。

王冰在《注黄帝素问》中，调整了《素问》的篇目结构，使其几乎完全不同于以前的注本，对原书的文字进行了校订删补，改正了当时传本中的400多条错误或欠妥之处，并把所加文字用红笔书写以示区别。同时，王冰对《素问》原文进行了注释和扩展。他的注文浅显易懂，简炼精辟。如他为原文"诸寒之而热者取之阴，热之而寒者取之阳，所谓求其属也"作注时说："言益火之源以消阴翳，壮水之主以制阳光，故曰求其属也。"这句注文生动形象概括出温阳散寒和滋阴降火两大治疗方法，对中医理论和临床具有重要的指导意义，成为后世许多医家的格言。此外，王冰还补入了自称从老师那里得到的《素问》第7卷原文，即《天元纪大论》、《王运行大论》、《六微旨大论》、《气交变大论》、《五常政大论》、《六元正纪大论》和《至真要大论》。因此这七大论能够流传至今，功劳应归于王冰，正如高保衡、林亿在重广补注《素问》的序言中所说：王冰"得先师所藏之卷大为次注，犹是王皇遗文，灿然可观"。

窦权蒙研究潮汐

　　由于月球和太阳引力的作用，海洋水面发生周期性升降现象，这就是潮汐。在唐代，随着航海业的日渐发达，需要对潮汐涨落规律在观察和计算的基础

唐孝贤墓天象图。唐孝贤墓后室墓顶的天象图画过两次：第一次在神龙二年，星辰皆用白色刷点；第二次在景云二年追赠太子后，在原来的图上分别用金、银箔及黄色重新贴画星辰。今金、银星辰有些已脱落，黄白两色大部分保存完好。

《商旅图》。唐代《商旅图》壁画，描绘了盛唐之世贸易流通的兴旺景象。

上进行科学的总结，窦权蒙在这方面有突出的贡献。在其《海涛志》中，关于潮汐的周期性现象，他指出共有三种："一晦一明，再潮再汐"，"一朔一望，载盈载虚"，以及"一春一秋，再涨再缩"，可以说已经正确阐明了正规半日潮的一般规律。第一种是指一日之内海水两涨两落，即有两次潮汐循环；第二种是指一个朔望月内，有两次大潮和两次小潮；最后一种指一回归年之内，也有两次大潮和两次小潮。窦权蒙还总结了在一回归年内阴历二月和八月出现大潮的规律。他基于潮汐运动和月球运动同步性的原则，曾计算得出潮汐周期为 12 时 25 分 14.02 秒。两个潮汐周期比一个太阴日就多 50 分 28.4 秒，即相当于 0.8411208 时。这个数字接近于现在计算的正规半日潮每日推迟 50 分或现在规定的一个太阴日和太阳日差值 0.8412024 时的值。

窦权蒙在《海涛志》中进一步阐明了潮汐的起因和月球运行的关系为"潮汐作涛，必符于月"，即潮汐盛衰有一定规律，具体来说，就是"盈于朔望，消以朏魄，虚于上下弦，息以朓朒，轮回辐次，周而复始"。

杜佑始撰《通典》

中唐前后，是一个对历史进行大规模总结的时期，史书的编纂进入了非常重要的阶段，杜佑所著《通典》的问世，改变了古代历史的编撰格局，是史学发展的又一次重大转折。

杜佑（735～812），字君卿，唐京兆万年（今陕西西安）人，出身于地位显赫的名门望族。不满20岁时，他就以"荫补"踏上了其长达60年的仕宦之途，前后经玄、肃、代、德、顺、宪宗六朝为官，其中任淮南节度使达14年之久。生命的最后10年，他历任三朝宰相，地位十分显赫。

从大历元年（766）起，他开始撰写代表其学术水平的史学名著《通典》，历经36年，于贞元十七年（801）完成这部鸿篇巨制。《通典》共200卷，分食货、选举、职官、礼、乐、兵、刑、州郡、边防9门。每门下面分若干子目、子目之下还有细目，以历代典章制度的历史演变、得失兴革为中心，兼记有关言论，上起黄帝，下迄唐玄宗天宝末年，个别地方延续到德宗贞元年间。其文献主要依据是《五经》各种史籍，历朝文人的文集、撰述、论议。全书开创了综合性典制体通史形式，是独立制度史编撰的开端和奠基之作。以典章制度为中心，分门立目，以类相从，叙其始终的典制体，从此成为与编年体、纪传体并行的重要史书体裁，开拓了历史研究和撰述的重大领域。

从《通典》中，可以明显地看出，作者对社会结构有了崭新的认识，这种认识是建构在现实历史发展和时代精神的基础上的。《通典》自序中，他清楚地勾勒了当时社会的经济、政治结构和与之相适应的思想观念及其相互关系，认为"食货"是基础，"教化"是手段，"致治"是目的。各种制度如选举、职官、礼乐、兵刑等都应建立在"食货"的基础之上。这种认识反映在《通典》的内容编排上。以"食货为首"，《食货典》12卷，论述经济问题，包括土地制度、乡村基层组织、赋税制度、户口盛衰、

唐侍从立俑。这种石雕俑极为罕见。从其服饰与兵器审察，所刻非
一般军兵，应属随将侍从。全身披挂甚多，腰两侧均有佩戴，又复
肩背手抱剑、弓、弯刀、鞬（弓袋）与胡禄（箭筒）。

货币流通、交通运输、工商业和价格关系。在这些前提下，展开其余几个门类，其中职官又最为重要，礼、乐、兵、刑次之，州郡、边防更次之，这种对经济基础与上层建筑、意识形态之间关系的认识是先进的，在其以前史家中很少见。同时也是对近千年中国封建社会的经济、政治制度的系统总结。

《通典》撰述的目的，按杜佑自序中所说是"实采群言，征诸人事，将施有政"。这里，他非常明确地表述了经世致用的创作目的，表现了经邦、致用的史学思想的成熟。首先，他以勇敢的历史和现实批判精神，指出儒家经典中的空泛言论无济于治世，批评历代众贤很少有匡救之方，因而他"不达术数之艺，不好章句之学"。其次，他重实际，讲功效，把对历史的认识转化为对现实的思考和初中。贞元十九年（803），他入朝为相后做的第一件事就是把《通典》中的要点辑录成《理道要诀》33篇，上奏德宗，以便斟酌实行，针对社会的症结和时代的要求来"师古"，以达到经邦、致用的最高目的。以"富国安人之术为己任"，这种史学思想显然具有里程碑意义。最后，他反对"非今是古"的历史观和主张适时变通以顺应历史进步趋势的思想，以及对门阀制度的批判态度都表现了其卓绝的历史识见。

《通典》表现的一切，证明了作为政治家兼史学家的杜佑，无疑是时代的优秀人物，是站在历史潮头思考历史和现实问题的思想家。

上层男子服长袍

隋唐时期男子冠服特点主要是上层人物穿长袍，官员戴幞头，百姓着短衫。直到五代，变化不大。

隋唐朝廷都曾参照前朝旧制，改革舆服制度，规定天子、百官的官服用颜色来区分等级，用花纹表示官阶。唐代以柘黄色为最高贵，红紫、蓝绿、黑褐等而下之。男子官服一般是头戴乌纱幞头，身穿圆领窄袖袍衫，衣长在膝下踝上，齐膝处设一道界线，称为横襕，略存深衣旧迹；腰系红鞓带，足登乌皮六合靴。从皇帝到官吏，样式几乎相同，差别只在于材料、颜色和皮

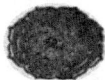

带头的装饰。无官的地主阶级隐士、野老，则喜穿高领宽缘的直裰，表示承袭儒者宽袍大袖的深衣古制。普通百姓只能穿开衩到腰际的齐膝短衫和裤，不许用鲜明色彩。差役仆夫多带尖锥帽，穿麻练鞋，做事行路还须把衣角撩起扎在腰间。

幞头之制出于北齐，隋唐之初逐步定型。黑色纱罗做的软胎帽（一度用木胎），到五代时这两条带子平直分向两边，"软脚"变成了"硬翅"，形成了宋代展翅漆纱幞头，俗称乌纱帽。

唐朝

盛衰的转折

771A.D. 唐大历六年

番禺冯崇道及桂州将朱济时皆起事，陷十余州，王翃等击斩之。

774A.D. 唐大历九年

九月，回纥于长安白昼杀人，有司擒之，释不问。四大译经家之一僧不空卒。

775A.D. 唐大历十年

田承嗣袭昭义取之，继复取洺、卫二州，拒朝命。卢龙节度使朱泚请留长安，以其弟滔知卢龙留后。四月，命河东等八道兵讨田承嗣，混战百余日。

776A.D. 唐大历十一年

正月，四川破吐蕃及突厥、吐谷浑、氐、羌二十万。五月，汴宋留后田神玉死，都虞候李灵曜作乱。八月，发五道兵讨李灵曜。灵曜屡败，十月，田承嗣遣将救之，败还。灵曜走韦城，被擒，死。

778A.D. 唐大历十三年

正月，回纥扰太原，节度兵迎击大败，死万余人，回纥大掠，二月，代州兵破走之。

779A.D. 唐大历十四年

三月，淮西将李希烈等逐节度使李忠臣，希烈为留后。罢梨园使及乐工三百余人。以郭子仪领职多，分其权，尊为尚父。七月，以回纥留京者及千，多效华装，开肆牟利；因禁回纥不得效华人服饰。

780A.D. 唐德宗李适建中元年

正月，用宰相杨炎议，约丁产定等，作两税法。前宰相刘晏理财有盛名，为杨炎所谮，贬忠州刺史，又诬以欲反，杀之。画家韩干去世。

771A.D.

法兰克王国卡罗曼卒，查理为法兰克王国之唯一统治者。其后查理以征服广大土地被称为查理曼（即查理大帝）。

777A.D.

法兰克王国查理曼征服萨克逊人。查理曼率大军入西班牙，所过诸市镇、堡垒皆望风请降。

778A.D.

查理曼自西班牙返，其殿军越过比里牛斯山时，在隆斯佛（或伦西瓦列士）为巴斯克人所袭击，全军覆灭，主将布累同伯爵罗兰死难，法国史诗"罗兰之歌"即咏此事。

郭子仪屡平吐蕃

安史之乱以后，面对吐蕃的频频入侵，郭子仪指挥若定，屡平吐蕃。

广德元年（763）十月，吐蕃攻入大震关，进而谋取兰、河、鄯、洮等州。至此，河西、陇右之地全部被吐蕃占有。边将接连告急，而宦官程元振竟不将此事禀报代宗（李豫）。于是，吐蕃率领吐谷浑、党项、氐、羌等 20 余万人再攻陷泾洲、邠州，进入奉天、武功，代宗急忙起用郭子仪往咸阳抗敌。但吐蕃大军已临近长安，代宗仓皇逃往陕州，六军溃散。吐蕃攻入长安，纵兵大掠官银、民资，焚烧房舍，长安为之劫掠一空。吐蕃又立广武王承宏为帝，并改元，设置百官，以前翰林学士于可封等为相。

郭子仪率 30 骑兵从御宿川沿山向东至商州，一路收兵，加上武关防兵共4000 人，军势大振。郭子仪涕泣告谕将士共雪国耻，收复长安，节度使白孝德也率兵增援。郭子仪令士卒白天击鼓张旗，夜晚则多燃火把，为疑兵之计，

敦煌吐蕃时期《弥勒经变局部·剃度》。长凳上一宫女在伸臂抚摸已经剃削的光头，另一宫女正在盥洗。前面还有一宫女已剃毕蹲在大盆前，一侍女手倾净瓶中的水为她冲洗。

盛衰的转折

敦煌吐蕃时期《弥勒经变局部·嫁娶》。为举行婚礼在门外搭起"青炉"（帐幕），
内置屏风，帐内宾客对坐；帐前举行婚礼，新郎着吐蕃装，五体投地跪拜，新娘
与伴娘着汉装立于一旁。它反映了当时北方婚礼以"青幔为屋"，以及行礼时男
拜女不拜的习俗。是一幅唐代风俗画。

吐蕃十分恐惧。长安城中百姓又骗他们说："郭令公从商州率无数大军来攻城矣。"吐蕃于是从长安城中撤出。十二月，吐蕃攻陷松州（今四川松潘）、维州（今四川汶川西北）、保州（今四川理县北）三州及云山新筑二城，剑南西川节度使高适无力抵御，剑南西川诸州也失陷。

778 年 2 月，吐蕃入侵灵州，夺填汉等 3 渠水口干扰屯田；四月，又搔扰灵州；七月，再次侵扰盐、庆 2 州；九月，吐蕃兵逼近泾州，都被郭子仪等人率军共同击破。自广德元年（763）以后，吐蕃虽然每年频繁入侵，但因郭子仪镇守河中，指挥诸将抗击，京师得以太平。

田承嗣反

唐大历十年（775）正月，魏博节度使田承嗣叛唐，带兵攻占相州。

田承嗣，平州卢龙人，世为卢龙军士，以豪侠著称。开元末年，田承嗣担任安禄山前锋兵马使，因破奚、契丹有功，升至武卫将军。安禄山反唐后，他跟随安庆绪破官军。史朝义兵败身亡后，田承嗣投降，请求以安、史旧将身份分统帅河北诸郡军队。当时朝廷因战乱日久，想息事宁人，于是任命田承嗣为莫州刺史，不久，擢升他为魏博节度使。田承嗣虽受朝廷号令，但却按照自己的意愿实施统治，擅自在其境内增加税率，奴役百姓，招兵买马，几年后，已募兵 10 万。他还在境内自行任命州县官吏，户籍不向中央申报，租赋不纳予朝廷。大历八年（773）九月，田承嗣又请求担任宰相，十月，代宗李豫加其同平章事，然后又把永乐公主许配给其子田华，以结其心。

775 年正月，与魏博相邻的昭义兵马使裴志清驱逐留后薛嵩，薛嵩于是率众投奔田承嗣，田承嗣以救援为名，带兵攻占相州。代宗派使者告谕承嗣，命各守疆土。但田承嗣竟不奉诏，派大将攻占洺州、卫州。四月，代宗遂命令河东节度使薛兼训、成德节度使李宝臣、淄青节度使李正己等发兵讨伐田承嗣。诸路兵南北夹击，田承嗣部将霍荣国、裴志清先后投降。田承嗣作战不利，于是用计离间诸节度使，使他们相互猜忌，相继退兵。而田承嗣又两次上表请罪，代宗只得赦免其罪。776 年，汴将李灵曜据城叛乱，田承嗣于是派兵支援。代宗又下令讨伐，李宝臣派其神将李重倩大败援军，李灵曜闻讯，连夜逃走。之后，田承嗣又上表谢罪，代宗无奈，只得再恢复他的官爵。大历十四年（779）二月，田承嗣病死，临终命其侄田悦统管军事，代宗即任命田悦为魏博留侯。

密宗高僧不空圆寂于兴善寺

唐大历九年（774）六月，密宗高僧不空圆寂。

不空，天竺（今印度）人，是中国佛经四大译师之一兼密宗创始人。他幼年随叔父到中国，15岁拜金刚智三藏为师。金刚智死后，不空奉遗命返回印度，求得佛教密宗经论500余部。天宝八年（749）不空自印度返唐，天宝十五年回到长安，住大兴善寺。安史之乱期间，不空多次秘密派人向肃宗表示忠诚，后得到肃宗的厚待。代宗（李豫）即位后，不空献上自己翻译的密严、仁王二经，代宗亲自为之写序，厚加赏赐。永泰元年（765）十一月，代宗封不空为特进试鸿胪卿，加号大广智三藏，并请他主持宫中的内道场。

大历三年（768），不空在兴善寺设立道场，代宗赏赐锦绣绉罗，又命近侍大臣、禁军

唐李真《不空金刚像》。绢本设色。真言五祖像之一，真言五祖即先后传授真言宗（即密宗，依密宗真言为宗，故名）的五位法师：金刚智、善无畏、不空、一行、惠果（前三者均为天竺人，后二为汉人）。每幅画像均绘高僧禅坐于胡床之上，动态沉静，肖像特征突出，用笔绵密谨严。每像左右以飞白书题写各僧的梵名及汉名（中国僧人只书汉字），画像为李真等人绘。李真，中唐时人，师法周日方。

将领入道场，当时入道场的僧俗之众有 5000 多人。大历五年（770），因彗星出现，代宗请不空往五台山修功德，继而彗星消失。771 年，不空献上所译 77 部、120 多卷密宗经典，代宗命人收入大藏，自此密宗经典开始流行天下。不空又奏请建造文殊阁，李豫自任阁主。774 年 4 月，代宗加封不空为"肃国公"。6 月，不空病逝。死后谥"大辩正广智不空三藏和尚"。

藩镇割据局面形成

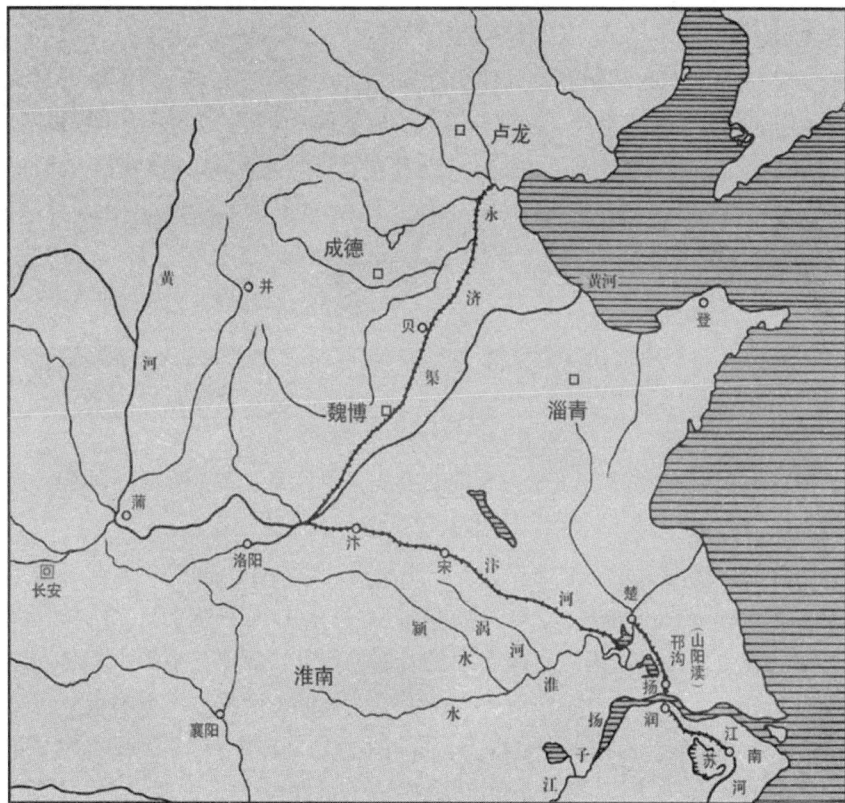

藩镇割据形势图

安史之乱被平定后，安史余部还保持相当大的势力。唐代宗为了求得暂时平安，将河北分封给叛将。在平叛的过程中，朝廷对内地掌兵的刺史也多加节度使称号。因此，大历十二年（777），形成了藩镇割据的局面。

当时割据势力最大的要数成德、魏博、平卢三镇。成德镇（今河北正定）自762年李宝臣开始割据以来，占有恒、定、易等7州，拥兵5万；魏博节度使田承嗣自763年开始割据，占有魏、博、卫等7州，拥兵5万；平卢节度使李正己占有淄、青等15州，拥兵10万；梁崇义占据襄、邓等6州，拥兵2万。这些藩镇相互勾结，不执行朝廷法令。他们各拥强兵，赋税不上缴朝廷，甚至节度使的职位也往往父死子继，或由部下拥立，朝廷只能事后追认，不能更改。

各藩镇的割据者对其境内百姓实行暴虐统治，重加税率。为了维护其统治，他们除拼命扩充军队外，还挑选精勇组成亲信"牙兵"，并发给丰厚供给。牙兵一方面对他们效忠，另一方面也十分骄横，只要节度使对他们稍不如意，他们就或杀或逐。藩镇在官爵、甲兵、租赋、刑杀方面都各行其道，实如异域。这种局面一直持续到唐朝灭亡。

《中兴间气集》编成

唐建中元年（780），文学家高仲武编成《中兴间气集》两卷，为现存10种唐人选唐诗之一。

高仲武，渤海（今河北南皮）人，生平不详。《中兴间气集》选录从至德元年（756）到大历末年（779）包括钱起、张南史共26人的诗132首。因所选都是安史之乱后唐肃宗、代宗中兴时期的作品，故以"中兴"为名。该诗集大部分是"大历十才子"派流连光景、送别题咏的篇章。全书仿照《河岳英灵集》的体例，在诗首对每位诗人进行了简单的评述。

杨绾拜相改革

唐大历十二年（777）四月，杨绾被授予宰相之职，辅佐李豫（代宗）改革弊政。

杨绾，华州华阴人，天宝年间进士，历任起居舍人、礼部侍郎、吏部侍郎、国子祭酒、太常卿等职。杨绾为官公正平允，以德行著称，本质性情贞廉，车服俭朴。元载专权，百官多数依附之，只有杨绾清贞自守。元载伏法后，代宗任命杨绾为中书侍郎、同平章事，下诏之日，朝野相贺。当时郭子仪正在邠州行营大宴宾客，闻讯后，急忙把在旁奏乐者裁掉五分之四；京兆尹黎干，以前每次出入都有骑士随从百余人，从当日起即刻减至 10 人；御史中丞崔宽家富财重，所建别墅宏伟奢侈，此刻也忙命人偷偷拆毁。此外，望风而变奢从俭者，数不胜数。

杨绾担任宰相后，针对元载对所定官俸厚外官而薄京官、随情徇私、多少不等的状况，请求代宗增加京官俸禄，每年约 15 万 6000 余缗。地方官俸禄自节度使以下逐渐减少，以多补少，上下有序，力求公平。

对地方兵制，杨绾也加以整顿，罢除了诸州团练守捉使，并将刺史任免权收归中央；规定诸州兵为"官健"和"团结"兵两种，并限定名额。

代宗正当依靠杨绾进行改革之际，绾却因疾病缠身，于同年七月病重去世。

唐德宗继位

唐大历十四年（779）五月，代宗（李豫）死后，太子李适即位，是为德宗。

唐德宗即位以后，励精图治，着手整顿宫中奢侈之制，力求俭约，减轻朝廷供给负担。他罢除了宫中 200 多名梨园使和乐师，将其余人员归于太常班管理。把代宗时各国所献的用以游玩的 42 头驯象放逐于荆阳（今陕西富平西南）；同时放逐猫、斗鸡、猎犬之类的动物；并将宫女数百名放还民间。

李适（德宗）像

779年6月，德宗又改革代宗山陵（帝王所葬曰山陵）制度务从优厚的习俗，力求从俭，以节俭不必要的项目开支。

筹算改革

在中晚唐时期出现了一批实用的算术书籍，反映了这个时期筹算改革的成就。如《新唐书·艺文志》记载的《谢察微算经》3卷，汇本《一位算法》2卷，陈从运《得一算经》7卷，鲁靖《新集五曹时要术》3卷，《心机算术括》1卷，《龙受（益）算法》2卷。遗憾的是除了一部中唐时韩延编写的算书被宋代人误为《夏侯阳算经》流传下来之外，上述著作全部失传了。

算筹是我国自古使用的，采用十进位值制和一套独特算法的计算方法。算筹的加减法运算简便易行，但乘除法运算时需要分成三层进行，特别是进

唐李阳冰《三坟记碑》。唐大历二年（767）刊立，宋代重刻。
此碑螭首龟趺（残），碑身断裂。碑残高210厘米，宽82厘米。
两面刻字，文24行，行20字。书体为篆书。碑文叙述李季
卿改葬他3个哥哥之事。李阳冰篆书。李阳冰以篆书著称，
被誉为李斯之后篆书第一家。

商队图。盛世之下，国际交流频繁。敦煌壁画"往来的东西方商队图"，给后人留下中外商人在丝绸之路上交往通商的景象。

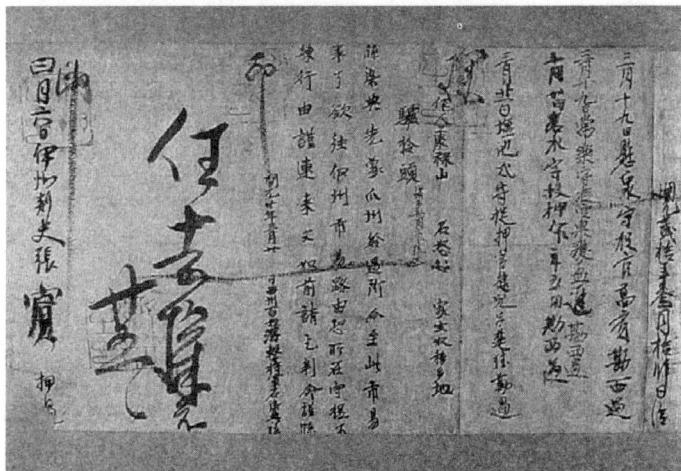

过所。唐代的过所，相当于今天的通行证明。因为官方驿传文书有符节和排单为凭据，过所多用作私人和商旅通过关隘的凭证。图为吐番阿斯塔那墓地出土的"过所"实物。

盛衰的转折

行多位数乘除时，演算十分复杂，不仅以掌握，速度也比较慢。随着隋唐社会经济的发展，尤其是手工业生产和商业贸易的发展，地方下级官吏和平民百姓对于实用数学的需要明显增加，对数学计算提出了简便、迅速、准确的要求，所以筹算改革便在此时产生了。

流传至今的反映当时筹算改革的韩延算书约写于 770 年前后。全书分为 3 卷，收入 82 个问题，内容均与当时的实际需要有关，并载有许多算法，度量衡及田亩制度等方面的预备知识。书中有了许多乘除简捷算法的例子，其中一个方法就是把多位数乘除法化成累次的一位数乘除法。如"课租庸调"章有：一个数 a 与 12.25 相乘，化为：$12.25a = a \times 7 \times 7 \div 10 \div 2 + 0.2$，又如下卷第 28 题：$42a = a \times 6 \times 7$，等等。另一种算法是用加代乘，用减代除，这是在乘数或除数的最高位是 1 的情况下采用。如下卷第 4 题：有兵若干，每人发给绢 1 丈 3 尺，共需绢多少？解法是："先置人数，添三得丈数"，设人数为 a，则为 $1.3a = a + 0.3a$，这样，两位数的乘法就化成了一位数的乘法和加法，在一层内完成。如果乘数或除数的最高位不是 1 时，就先通过一定的步骤化为 1。这种算法在中晚唐时期已经相当流行，称为"求一"或"得一"。所以，当时筹算改革的主要内容是把原来需要分三层进行的乘除运算化成一层进行，并形成了一整套简化的方法。

隋唐时期实用数学的普及情况还可以从敦煌算书中得到反映。清光绪二十六年（1900）间在敦煌莫高窟发现了一些抄于唐宋之间的抄本数学书，有《敦煌石室算经》一种，《算表》一种，《算经一卷（并序）》一种，现收藏于法国国立图书馆。英国伦敦不列颠博物院收藏有《算经一卷》二种，其内容与巴黎所藏相同。另有《立成算经一卷》一种。这些数学书的内容有计算简单的四则应用和面积体积，还有筹算记数制度、度量衡制度、金石比重、大数记法、"九九"表等。若已知田地的长宽步数，则可在《算表》中相应纵、横两行交会处查得其亩数。此外，还发现了藏文的乘法表。总之，在边疆地区发现的这些数学书足已表明当时实用数学的普及状况。

推行两税法

　　建中元年（780）二月，新任宰相杨炎在总结全国各地税帛改革经济教训的基础上，提出一套拯救唐朝统治的完整的税收方案，在唐德宗的同意下，向全国颁令："计百姓及客户，约丁产，定等第，均率作年支两税"。这就是我国历史上自此后延用 800 年之久的两税法。

唐代犊车。二牛并列，均昂首伫立，头上有辔勒。牛后车一辆，辕轭均失，留一厢二轮，车厢前面有门，上有蓬盖。牛和车的造型均很简练质朴，牛头则刻划得较为细致逼真。

　　建中以前，两税的名称就已存在，是种通称，凡分两次交税都可称为两税。杨炎改制后，两税成为专名，指夏税和秋税，成为一种适用于全国广大地区的统一的赋税制度。两税法的主要内容是：不论土户、客户以所居地统计；纳税人不分中丁，据贫富情况划分征税数量；经常往来行商的，在所在州县赋1/30的税；居民的税分夏秋两季征收。田亩税以大历十四年的土地数目为准，夏税不过六月，秋税不过十一月；废除租庸杂舶等名目，税额全部推入两税。

　　两税法的核心是地税和户税，但它们并非唐初以来仓地税和户税的简单凑合或继承，而是在唐肃宗特别是代宗以来各地改革税法的基础上，又融长期实行的租庸调法而产生的新税法，是封建社会中赋税制度的一次重要改革。它按资产而不按人丁征税，也不区分土户和客户。一些有产者得多缴纳税额，而一些失去土地的农民可不纳或少纳两税，使民户的赋税负担有所调整。它征收的税率，各道各州不一，以大历十四年所征各种税收总额，作为两税总数，层层分摊，最后确定当地人户和地亩应负担的数量。它还简化了以前名目繁多、混乱不堪的征税办法，暂时统一了税制，扩大了征税对象，有限度地约束了官吏贪赃枉法的行为，确实达到了增加财政税收的目的，有利于社会经济的发展。因此，两税法的实行暂时延缓了社会危机的总爆发，较快地渡过了财政短缺的困难，使唐王朝在安史之乱后的艰危局面中幸存下来，并在以后的一个时期内能展开与地方藩镇的激烈斗争。

　　虽然两税法在执行初期受到宰相陆贽等的竭力阻挠，实行一个时期后，就弊端丛生，但它顺应社会经济发展的内在趋势，唐中叶后得到确立，并为后世数百年延用。

陆贽主张轻税

　　唐德宗建中元年（780），德宗采纳杨炎的建议颁行两税法，暂时缓解了安史之乱（755～763）后政府的财政危机。但两税法仍是统治者残酷掠夺农民的剥削制度，本身就有许多弊端。再加上中唐后经济萧条，土地兼并现象严重，地主官僚勾结官府降低户口等级，恣意兼并土地，却千方百计把赋税

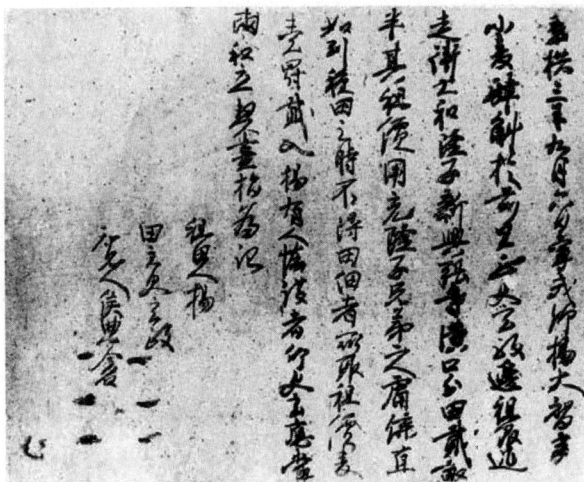

唐杨大智租田契。纸本。契约内容反映封建社会深刻的阶级矛盾和地主对农民的残酷剥削。

负担转嫁到农民身上。因此即使税额保持不变，农民的实际负担也增加很多，何况两税法实行"量出制入"的财政平衡原则，统治集团更是想方设法增加财政支出，致使税目繁多，税额急速上涨，百姓负担更是惨重。

这样致使与两税法尖锐对立的轻税思想发达起来，成为唐代经济思想中的一大特色。陆贽是位坚定的轻税论者，他推崇租庸调法、反对两税法，更反对赋税征钱和"唯以资产为宗"的两税法征税原则。他认为实行两税法有七大弊端，直接导致百姓日益穷困破产，主张恢复租庸调法的征收布帛等征税方法和"以丁夫为本"的征税原则。这些主张与他的"养人"的经济思想密切相关。他认为用以资国的赋税征收应放在"养人"的基础上，只有先厚民薄财，损上益下，才能使户口滋多，增加税源，时间一长必能使国家的财政收入得到增加。鉴于若采取薄赋敛会减少国家的财政收入，陆贽又提出节用的主张，正好与"量出制入"的衰世作法相对抗，充分表现了他反复强调薄赋敛对于巩固政权的重要意义。

陆贽把轻税薄赋带来的经济繁荣、百姓和乐上升到关系民心向背、国家治乱的高度，指出"理乱之本，系于人心"，"财者，人之心也"，是财政赋税理论的新发展。他最后又指出实施轻税制度的具体办法，即"限田减租论"，以治愈由于贫富不均和土地兼并造成的民不足食、公仓空虚、风俗贪、货财壅的社会恶疾，最终达到富民轻税增财的目的。

陆贽从富民思想出发的轻税论与同时期李翱和李钰从增加财政收入的角度论证的轻税论，以及白居易围绕"利"展开的轻赋税观点共同构成一股反两税法横征重敛的力量，表现了对社会问题的大胆探索。

唐彩俑大量随葬

盛唐时期帝王和王公大臣盛行厚葬，因而随葬品十分丰富，尤其是大量彩俑被作为随葬品入葬，从一个侧面反映了唐代的雕塑艺术成就。

随着唐代经济、文化的发展，写实艺术的日趋成熟，各类墓俑的雕饰彩

唐三彩鸳鸯壶

089

盛
衰
的
转
折

唐代花斑马。这匹马的立姿和装束与常见的马无大差别，系模制而成。唐代三彩釉陶的烧制，充分利用了釉色有变化而取得千姿百态的装饰效果。此马全身以黄褐釉为主，间以绿釉，通体点缀白色花斑，极为醒目。

唐代啃瓜狮子。三彩釉陶。

唐代镇墓兽群。镇墓兽群是唐代明器陶塑中的一个大类，出土数量很大，其中尤以京洛地区为多。本图的五件镇墓兽，均兽身畜蹄，大耳双翼，作踞蹲姿式。而头部作法各异，或人面，或怪兽面；头上或双角，或独角；有的张口怒吼，有的鼓目竖眉。以夸张的手法表现出了狰狞凶猛的形象，作风不拘一格，体现了唐代工匠丰富的想象力。所施的色彩也多种多样，起到了很好的辅助作用。

绘水平迅速提高，这些随葬墓俑，以陶塑为主，也有瓷塑、泥塑、木雕和石雕。而陶俑，除一般陶质或施彩绘外，还有釉陶俑，甚至还创造了一种三彩俑，它表面施有黄、绿褐、蓝、黑等彩釉，胎色为红、白二种，其烧制温度较瓷器略低，釉色绚烂多变，深受人们喜爱。

墓俑形制随着时代的变化而呈现出不同的风格。初唐墓俑直接从隋俑样式脱胎而来，造型简洁生动。唐代墓俑大都直接取材于现实生活，多为偶人像马，而且数量极多，如新疆吐鲁番阿斯塔那张雄夫妇墓中共出土完整的彩绘木俑和绢衣木俑7000余件，骑马女俑粉彩装绘，长袖飘散，头戴薄纱帷帽，姿态雍容优雅，反映了初唐仕女乘骑出行的风采和服饰特征。其中的两组驼马人物俑，着色鲜艳，绘饰细腻，驼夫伸手牵驼的姿势极为传神、生动地表现出瞬间的动态，而绢衣木俑中男俑"滑稽戏调"，女的"秋华窈窕"，因其颇具特色形制而为研究者所重视。一般认为，这是唐代民间丧葬活动中盛行的丧家乐"傀儡俑"，主要为向路人作炫耀性表演之用，这对了解唐代丧葬习俗和民间戏剧具有十分重要的意义。而阿斯塔那336号墓出土的"踏谣娘"泥塑彩绘葬俑，生动地表现了当时民间戏曲的发展状况，其中男俑着长袍，红面醉态，步履跟跄，女俑头面裹巾，身着单衣长裙，作悲诉摇顿之状，感情细腻，形象生动，与文献记载的踏摇娘舞姿相似。这一时期的镇墓武士已由原来吊滞的按盾伫立一变为天王状，且身着甲胄，体态雄健，足踏小鬼，风仪威猛。女侍形象传神，高髻长裙，面容丰腴。各种墓俑造型比例准确，姿态生动，轮廓富有变化。此外在初唐的墓俑中已有西域胡人俑这一特殊题材，此后一直是唐代墓俑的一大题材。

风景建筑广泛出现

唐代是中国封建社会发展的鼎盛阶段，在经济繁荣和城市发展互为作用、同步进步的前提下，城市观念开始转变，在原来单纯的功能型城市建筑中增加了休闲游览的内容，从而促使了风景建筑的广泛出现。

在京都长安城，东南隅被开发为公共风景游览区，其中有慈恩寺、杏园、乐游原、曲江池等名胜，这一地带南与唐帝的南苑——芙蓉苑相毗邻。曲江

话说 中华文明

盛衰的转折

是当时长安人春游禊饮、重阳登高的好去处，尤其是在二月初一的"中和节"、三月初三的"上巳节"、九月初九的"重阳节"等重大节日里，有许多人云集于这些名胜风景区内，使其甚为热闹。

除京城及近郊的风景点被开发以外，各州府所在的城市，在地方官的重视下，城郊风景点也得以开发，以供游览之用。如大历十一年（776）颜真卿任湖州刺史时，开辟城东南雯溪白蘋洲，造八角亭，供人游览，后来还不断被修葺，构筑了五座亭台，使之成为一方胜景。杭州西湖也开发于唐代。从西湖到灵隐一带，风景优美，历任郡守甚为珍视，曾建有五亭，使之从郡城

敦煌壁画中的建筑形制

至灵隐冷泉，一路彼此相望。白居易任杭州刺史时，更进一步修治，使之名扬中外，盛誉经久不衰。柳宗元被贬永州时，曾作著名游记小品《永州八记》，不仅描绘了繁多的风景游览胜景和各州牧县令开发这些风景游览地的情况，还亲自积极地参与城外山区风景的开发规划建设了钴鉧潭、龙兴寺东丘等景点，并就风景分类、建设原则、风景建设的社会意义等方面作了理论性阐发，见解十分独到。他笔下的桂州漓江訾家洲则开发于永和十二年（817），洲上有燕亭、飞阁、闲馆、崇轩等景点，总称"訾家洲亭"，成为一时名胜。此外，李德裕开辟了成都新繁的东池、闵城的新池、颍州西湖、彭城阳春亭、濠洲四望亭等。

除了这些著名风景区被开发外，许多地方还背廓倚城，临水凭渊修建楼阁，著名的有滕王阁、黄鹤楼、岳阳楼等，它们利于眺望开阔壮丽的山川景色。还有绵州越王楼、河中鹳雀楼、江州庾楼、仪真扬子江楼、东阳八泳楼等分散坐落于各城市的江边或风景胜地，使得凭栏远眺、赏景观风、宴集宾客成

为一种时尚。

　　唐代风景建筑的广泛出现，是经济、文化、思想共同作用的产物。颜真卿、白居易、柳宗元等著名文人的亲自参与，大大提高了建筑品味，赋予了这些风景名胜以新的文化蕴涵，不仅为当时文学艺术的发展提供了题材，也为后代诗文提供了素材，极大地丰富了中国文化史的内容。

唐朝

盛衰的转折

782A.D. 唐建中三年

王武俊以未得节度，朱滔以未并深州，皆反，与田悦合。命李怀光讨朱滔等。怀光与滔等战，大败，余军皆退屯相持。十一月，朱滔等结盟称王，滔为盟主，王冀；田悦王魏，王武俊王赵，李纳王齐，各置官仿唐制。十二月，李希烈反，结李纳、朱滔，自称天下都元帅，建兴王。《大秦景教流行中国碑》立于长安。

783A.D. 唐建中四年

李希烈袭陷汝州。宰相卢杞恶颜真卿，请旨命宣慰希烈，为希烈所留，嗣乃杀之。遣左龙武大将军哥舒曜讨李希烈。九月，禁军与李希烈兵战于沪涧，大败。十月，泾原兵被命东征，过长安，以食劣无赏哗变，奉朱泚为主，帝出奔奉天。泚称皇帝，国号秦。十一月，各道兵讨朱泚，先后至长安。

784A.D. 唐兴元元年

正月，诏除朱泚外，李希烈、田悦、王武俊、李纳、朱滔皆赦其罪。朱泚更国号曰汉，改元天皇。王武俊、田悦、李纳皆去王号，谢罪；惟李希烈反称皇帝，国号大楚。五月，王武俊与泽潞李抱真连兵救魏州，大败朱滔于贝州，滔遁归幽州。

785A.D. 唐贞元元年

三月，李希烈陷邓州。六月，朱滔死。八月，李怀光穷迫自缢死，部下断其首出降。河中平。著名书法家怀素去世。

787A.D. 唐贞元三年

正月，淮西兵防秋京西者遁归，李泌等计截斩之殆尽。用李泌策，和回纥、南诏以抗吐蕃；以咸安公主妻回纥可汗，可汗上书称儿、称臣。

790A.D. 唐贞元六年

北庭陷于吐蕃，回鹘兵败，节度使杨袭古奔西州，沙陀首领朱邪尽忠降于吐蕃，由是安西遂绝音问。

787A.D.

丹人在得封夏海岸登陆，是为丹人第一次侵入英格兰劫掠。

790A.D.

阿拉伯在哈伦·阿尔·拉什德之统治下，阿拉伯帝国之文艺与学术皆达到黄金时代。

郭子仪去世

　　唐建中二年（781）六月十四日，汾阳王郭子仪去世，享年85岁。

　　郭子仪是滑州郑县人，开元年间靠武举登第。安史之乱爆发的时候，郭子仪正担任朔方节度使之职。他率兵讨伐叛军，收复了东都洛阳、西京长安，功劳当时无人能比。安史之乱平息后，郭子仪兼任关内与河东副元帅之职，负责抵御回纥的侵扰，屡次击败吐蕃的进攻，他一人身系国家安危、社稷存亡长达30年之久。即使这样，只要朝廷有一纸诏书宣他回朝，他立刻就踏上

郭子仪像

归途，因而毁谤诬陷根本吓不倒他。

郭子仪身为上将，手中握有重兵，他的很多部下都成为朝中名臣。虽然如此，郭子仪仍然对他们颐指气使，而他们对郭子仪总是毕恭毕敬。郭子仪曾经派人到田承嗣处，田承嗣面朝西遥拜郭子仪，说："我这双膝盖已有多年不朝人下跪了！"只这一件小事就足见他在藩镇中的威望。当年，李灵曜占据汴州兴兵作乱。只要经过他的地盘财物无论属公属私都会被扣下，只有郭子仪的东西李灵曜不敢动，还派士兵护送出境。

郭子仪德高望重，声名远扬。他当了20年的中书令，每月的俸禄达2万缗，家中各种奇珍异货堆积如山，家人有3000，8个儿子和7个女婿都是朝廷的显赫大臣。他有几十个孙子，每次向他问安时，他竟不能全部认得。大历十四年（779）五月，唐德宗李适登基的时候，尊郭子仪为尚书，加封太尉。

郭子仪功盖天下而天子不起疑心，位极人臣而无人妒嫉，生活上穷奢极欲而没人指责，古往今来的名臣名将，像他这样善始善终的并不多见。

"荆溪大师"湛然卒

唐德宗建中三年（782），台州（今浙江临海）国清寺沙门湛然去世，终年72岁。

湛然，俗家姓戚，常州人，因其居住在晋陵荆溪（今江苏宜兴南），且深通佛学、知识广博，故世人称他为"荆溪大师"，又称他"妙乐大师"。

湛然年轻时便十分好学，虽不是和尚，却十分热爱佛学研究，20岁时他便拜左溪的玄朗大师为师，研习佛教天台宗的教义。十多年来，他一直潜心研习佛学，颇有心得。但这时他仍不是一个正式的和尚，直到38岁他才出家，并到越州拜昙一法师为师，后来又在吴郡的开元寺宣讲"止观"。玄朗大师去世后，湛然便继玄朗之后住在天台国清寺。他以中兴天台宗为己任，提出"无情有性"说，认为木石等无情之物也有"佛性"，进一步发展了天台宗的教义。湛然是个著名的佛学家，一生著述颇多，主要著作有《法华玄义释签》、《摩诃止观辅行传弘决》、《止观大意》、《法华文句记》和《摩诃止观搜要记》等。

山西五台南禅寺正殿。建于唐建中三年（782），是现存中国最早的木构建筑。

唐山西法兴寺燃灯塔。建于唐大历八年（773）。石灯是唐代佛教寺院中重要小品建筑，当时十分盛行，流风所被，曾影响到朝鲜及日本。目前国内所存石灯已不多，除此例外尚有太原龙山童子寺石灯（556）、黑龙江宁安县渤海国石灯（698～926）、以及陕西省博物馆所藏唐代石灯数例，法兴寺石灯造型十分华美，雕刻线条流畅，极富于装饰艺术性。

河北四镇结盟称王

建中三年（782）十一月，河北四镇结盟称王。

建中三年（782）二月十日，朝廷任命张孝忠为易州、定州、沧州节度使，王武俊为恒州、冀州都团练观察使，唐日知为深州、赵州都团练观察使，德州、棣州归朱滔管辖。朱滔不满意朝廷的决定，请求将深州也划归自己管辖，未得到德宗应允，因而心生怨恨。王武俊因为张孝忠被任命为节度使，而自

唐四臂力士浮雕

己和唐日知只是团练使，也不高兴。后来朝廷又命王武俊拨出粮、马给马燧，他认为这是有意削弱自己，拒不执行。田悦知道了这些事，就派人劝说朱滔和王武俊，指出朝廷打算扫清河北，各藩镇是唇亡齿寒的关系，希望二人能合兵一处，互相救援，二人都同意了。不久，李纳也因战败回到郓州（今山东东平），与田悦等人会合。朱滔与王武俊合兵后，从宁晋南下救田悦，于建中三年（782）六月大败朝廷各道官兵，七月，朱滔派魏博兵马使承庆去濮阳救援李纳。

田悦感激朱滔率兵救了自己，与王武俊商议尊朱滔为王，朱滔不同意。于是他们3人和李纳一起建立四国，都称王而不改年号。四国筑坛盟誓，有负约者，大家一同讨伐。建中三年（782）十一月，朱滔自称冀王，田悦称魏王，王武俊称赵王，并请李纳称齐王。朱滔为盟主，称孤；武俊、田悦称寡人。他们分别仿照唐制设置了官吏。

李希烈反·德宗出奔

唐建中三年（782）十二月，淮西节度使李希烈叛唐，自称天下都元帅、大尉、建兴王。

当时，李希烈率领3万兵马镇守许州，暗中与李纳、朱滔有来往。建中四年（783）正月，李希烈派部将李克诚攻陷汝州（今河南临汝），俘获别驾李元平，又围困郑州，多次打败官军。德宗听信宰相卢杞的谗言，派颜真卿到许州宣慰李希烈，被希烈幽禁。正月二十一日，东都、汝州节度使左龙武大将军哥舒曜率凤翔、邠宁等地1万多兵马讨伐李希烈，击败希烈前锋将陈利贞部，俘获希烈所封刺史周晃。不久李希烈带兵回到蔡州（今河南汝南），向外表示悔过归顺，暗中等待朱滔的援兵。三月二十日，李希烈在安州（今湖北安陆）大败荆南节度使张伯仪。

李希烈击败张伯仪后，准备夺取襄城，但因守将哥舒曜奋力抵抗，久攻不下。派往襄城的援军都被李希烈击退，东都守军的退路也被切断，襄城更加危急。德宗于是命令泾原（今甘肃泾川、宁夏固原）的军队救援襄城。建中四年十月，泾原节度使姚令言率兵五千日夜兼程、冒雨赶到京城后，得到

唐周昉《挥扇仕女图》。这幅画通过几组人物的活动，非常生动地刻划了宫廷中贵族妇人的日常生活。全图计13人，有独憩、对语、理妆、观绣、挥扇、行坐各种形态。人物体态秾丽丰肥，服饰华贵，为初、盛唐时期典型的贵妇人形象。画面构图简洁，不着背景，不同人物以相关的活动自成段落，各段之间又互为关联，形成一个整体。用笔古拙方劲，以朱紫两色涂染为主。

赏赐，只是粗食粝饭，士兵们大怒，一场兵变发生了。乱军冲入长安城，德宗只得逃到奉天。建中四年十月十二日，哥舒曜粮绝，于是弃城逃往洛阳，李希烈攻陷襄城。接着，李希烈相继攻克汴州、滑州、襄邑（今河南睢县）、宁陵（今河南宁陵）等地，江淮地区一片恐慌，淮南节度使陈少游秘密投降李希烈。

为平定这混乱的局势，德宗下罪己诏，大赦天下。但李希烈自恃兵强财富，于兴元元年（784）正月称帝，国号大楚，改元武成，设置百官，以汴州为大梁府。

李希烈称帝后，派部下杨峰赏赐陈少游和寿州刺史张建封，张建封却腰斩杨峰，将陈少游私通李希烈的事上奏德宗。李希烈又派部将杜少诚攻打秦州和江都，向南进犯蕲州、黄州。后来，曹王皋与鄂州刺使李兼屡次打败李希烈，李希烈便再不敢出兵进攻江淮地区了。

朱泚反

建中四年（783）十月，泾原兵受命东征，经过长安的时候，军士们因为没有封赏，食物恶劣而哗变。德宗命禁兵前来抵御，竟无一人响应。德宗只得逃往奉天（今陕西乾县）。乱兵冲入皇宫大肆掳掠，推举被废并居住在京城的原泾原节度使朱泚为王，许多失意官僚都依附他。朱泚以为自己是众望所归，于是坚定了反叛朝廷的决心。

　　朱泚召集各位大臣商议称帝之事，司农卿段秀实用象笏打中朱泚头部，被朱杀害。德宗不相信朱泚会反，派金吾将军吴溆进京宣慰，也遭杀害。不久，凤翔后营将杀死节度使张镒，投降朱泚。

　　建中四年十月八日，朱泚从白华殿进入宣政殿，自称大秦皇帝，改元应天。他封官拜相，立自己的弟弟朱滔为皇太弟，由姚令言和源休共掌朝政，杀唐宗室77人。朱泚称帝后，写信给朱滔，说平定亡秦之地指日可待，将河北委托给朱滔。两人将在洛阳会师。

　　不久，朱泚任命姚令言为元帅、张元晟为副元师，征讨奉天；同时联络回纥兵，准备进军河南，攻取东都。

　　朱泚围攻奉天达数月之久，并打败灵武留后杜希全等人率领的援军。奉天守将将军高重捷战死，城中粮草将尽，但守城兵将士气不衰，河北行营节度使李晟也率兵前来援助。朱泚曾命僧人法坚造云梯攻城，但没有成功。这时候，各路援军纷纷到达，一齐征讨朱泚，李怀光、李晟和马燧的部队先后到达长安周围，朱泚的地盘，只剩下长安城。李怀光在澧泉大败朱泚，十一月朱泚退回长安，奉天解围。

　　兴元元年（784）四月十日，浑瑊在武亭川大败朱泚，杀敌几万人，并屯兵奉天，与李晟东西相应，进逼长安。五月，李抱真、王武俊又在贝州大败朱滔，朱滔退回幽州。五月二十日，李晟率兵收复长安，慰劳将士、安抚百姓。

　　朱泚从长安逃出后，想投奔吐蕃，但到达彭原后，被部将梁庭芬射杀身亡。兴元元年七月，德宗返回长安。

李怀光反

　　唐兴元元年（784）二月，李怀光反唐。

　　李怀光因胁迫朝廷贬黜卢杞等人，心里十分不安，于是有了异心。李晟、陆贽、韩游瑰等人都提醒德宗小心怀光反叛，但德宗将收复长安的希望放在怀光身上，而且怀疑有谗人离间，对这事悬而不决，终于酿成了这场大乱。

　　德宗从奉天去山南后，韩游瑰率800多人回到邠州。李怀光企图率军从咸阳出发去袭击东渭桥，但士卒都不响应。韩游瑰劝留后张昕叛离怀光，张

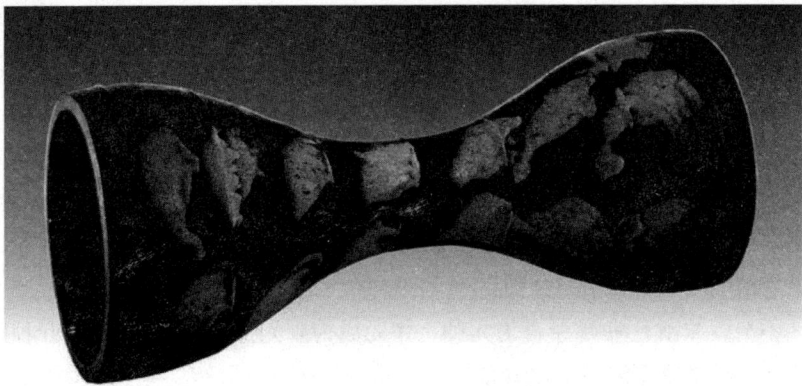

唐黑釉彩斑腰鼓

昕不昕，被杀。这时候，李怀光部下多背叛他，军势更弱，他内忧部下叛变，外惧李晟的强大。最后因为怕李晟攻袭，向东逃到河中。河中守将吕鸣岳因兵少怕不能抵挡，于是接纳了他。

兴元元年（784）三月，德宗下诏，历数李怀光的罪恶，罢免他的兵权，改任他为太子太保。命行在都知兵马使浑瑊同平章事兼朔方节度使，以及朔方、邠宁、振武、永平、奉天行营兵马副元帅。后来又任命李晟为鄜坊、京畿、渭北、商华的副元帅。

李怀光的判官高郢劝怀光归顺朝廷，怀光于是派自己的儿子李璀到行在所请罪。兴元元年（784）七月，德宗下诏派给事中孔巢父到河中宣慰。李怀光左右多是胡人，诏书还没读完，就杀了孔巢父。李怀光不仅不阻止，事后还厉兵秣马准备拒守。

兴元元年（784）八月，德宗派浑瑊、骆元光讨伐李怀光，却多次被李怀光打败。后来，官军又在沙苑（今陕西大荔南）被打败。十月，马燧终于攻克绛州，并分兵攻取了河中的闻喜、万泉、虞乡、永乐、猗氏等地。贞元元年（785），李怀光又在陶城（今山西永济南）被马燧打败，马燧杀了怀光1万多人，和浑瑊一起进逼河中。

贞元元年（785）七月，德宗派马燧扫平李怀光叛军。贞元元年（785）八月，马燧到了前线行营。他直接来到长春宫城下，唤出守将徐庭光，对他晓之以理，说明逆反的罪名只会加在李怀光一人身上，与其他的人无关。他让徐庭光到时接应。十月，马燧等八军逼河中，守将尉珪投降。当晚，徐庭光投降。十二日，马燧到了河西（今陕西大荔东），河中军士全部投降。李怀光无奈，自缢而死。从此河中局势安定下来。

李泌再入朝

唐兴元元年（784）七月，李泌奉诏再度入朝，担任朝廷要职。

李泌（722 ～ 789），唐朝政治家，字长源，京兆长安（今陕西西安）人。曾任肃、代、德宗三朝宰相，被封为邺侯。

德宗在梁州避时，李泌任杭州刺史。兴元元年（784）七月二十六日，德宗任命他为左散常骑侍，并让他每天在中书省值班，随时回答德宗提出的有关国事的疑问。朝野都为之瞩目。

德宗曾问李泌，怎样对付占据河中的拥有精兵强将的李怀光。李泌说："李怀光占据河中不足忧虑。估算敌方的强弱只需看其将领而不必担心其士卒。李怀光不足忧虑，就更不用说他的兵卒了。李怀光虽然解了奉天之围，但却私通朱泚叛军。现在陛下回到了京城，他还杀使臣占领河中，简直是坐以待毙，真是太愚蠢了。料他不久就会被部下所杀，不用我们动手。"事情后来的发展果然如李泌所料。

当初，德宗曾借吐蕃兵讨伐朱泚，说好胜利后将安西、北庭的土地割给吐蕃。李泌不赞成这种做法。他认为安西、北庭控制西域、突厥，又牵制吐蕃，朝廷在那里苦心经营多年，不能拱手让给吐蕃。德宗采纳了他的建议。

贞元三年（787）六月，李泌由陕虢观察使升为中书侍郎、同平章事，第一天上朝就要求德宗保护李晟、马燧等有功之臣，也要求这些功臣不要因居高位而起异心。七月，李泌查核在京的胡客，有田宅的人停止供给，为国家节省了大量钱财。八月，德宗听信谗言，想废太子，幸得李泌直言进谏相救。此外，李泌还分别于贞元元年（785）七月和贞元三年（787）正月，安定陕骁局势，平定淮西吴少诚的叛乱。

　　李泌复出担任宰相以来，颇有政绩，为国家社稷安定献策出力，作出了重大贡献。

回纥遣使迎公主·回鹘汗国建立

　　唐贞元三年（787）十月，回纥派使者到长安迎娶咸安公主。

　　回纥合骨咄禄可汗屡次派使臣请求和亲，德宗因旧恨不答应。后经宰相李泌劝告：联合回纥对付吐蕃，德宗在贞元三年（787）九月十三日，派回纥使者合阙将军回国，答应把女儿咸安公主许配给可汗。

　　回纥合骨咄禄可汗闻讯后，非常高兴，派他的妹妹骨咄禄毗伽公主与国相等1000多人前往长安迎娶。可汗言辞恳切、礼节恭敬，说如果吐蕃与唐作对，

回鹘《喜悦公主像》。右侧女供养人的回鹘文名榜字迹清楚，意思是：喜悦公主殿下尊像。

回鹘《供养礼佛图》。画幅上端有垂帐，帐下是榜题栏，用中亚婆罗密字夹用梵文写成。

唐《回鹘贵人像》。设色幡画。上部幡头呈三角形，下端有帛带，幡多悬挂在殿堂或墙上，可以随风飘动，增加佛殿庄严神秘的气氛。该幡系描绘一位回鹘王侯长者，头戴山形冠，衣窄袖长袍，为典型回鹘装束，双手执花，神态虔诚。两侧各有一童子。幡头绘坐佛一尊。

回纥一定为唐铲祸患。接着，回纥与吐蕃断绝了关系。

贞元四年（788）十月十四日，回纥迎亲使者到达长安，德宗批准了可汗将回纥改名为回鹘的请求，二十六日，加封回鹘可汗为长寿天亲可汗。十一月，德宗派刑部尚书关播护送咸安公主前往回纥，并任命他为册回鹘可汗使。

南诏王求归唐

唐贞元三年（787）正月，南诏王（云南王）异牟寻背离吐蕃归顺唐朝。

当年，南诏王阁罗凤攻陷嶲州（今四川西昌），俘获西泸（今四川西昌西南）县令郑回，将他带回南诏。郑回精通经术，阁罗凤很器重他，以上宾之礼待他。阁罗凤让儿子凤迦异、孙子异牟寻、曾孙寻梦凑拜郑回为师，学习经术与汉文。异牟寻继位为王后，任命郑回为清平官（即宰相），国家大事都由郑回决断。南诏有几十万兵马，吐蕃每次入侵唐境，都用南诏兵当前锋，且向南诏征很重的赋税、夺取其险要之地建立城堡，南诏深以为苦。郑回乘机劝异牟寻归顺唐廷。乘西川节度使韦皋上任、招抚群蛮之际，异牟寻暗中派人去告知韦皋，表示愿意归附唐朝。韦皋于是上奏德宗，指出应该招纳南诏等蛮羌，以牵制吐蕃的力量。德宗让韦皋作书，招抚南诏。

唐与蛮军破吐蕃

贞元四年（788）十月，吐蕃10万大军入侵西川，还征发了南诏兵马。这时南诏虽已归附唐朝，但还不敢公开背叛吐蕃，仍然派了几万人马驻扎在泸水北岸。西川节度使韦宰知道南诏正在犹豫，就用反间计使吐蕃怀疑南诏存有异心，双方互相猜疑。于是南诏更加坚定了归顺唐朝的决心，并撤回人马。失去南诏的人马，吐蕃兵势减弱。但吐蕃已经侵入唐的领土，分兵4万攻打两林、骠旁，3万攻打东蛮，7000人攻打清溪关（今四川石棉东南），5000人马进犯铜山（今四川泸定西南）。韦皋派黎州（今四川汉源北）刺史韦晋等人与东蛮联兵抗敌，在清溪关外大败吐蕃，十一月，嶲州（今四川西昌）经略使

109

刘朝彩又大败吐蕃。

贞元五年十月，韦皋派部将王有道率兵与东蛮、两林蛮的军队汇师、和吐蕃在州台登（今四川喜德西）展开大战，吐蕃惨败，兵马使乞藏遮遮被杀。几年以后，韦皋收复了整个巂州。

刘长卿诗作反映安史之乱的恶果

刘长卿（？～786至791）是中唐的重要诗人，字文房，宣城（今属安徽）人。他仕途不畅，曾两次由于"刚而犯上"被贬，官止随州刺史，人称"刘随州"。

刘长卿的创作不同于同时代以钱起为代表的大历才子。他一生坎坷多艰，又适逢安史之乱，经历唐朝统治由盛转衰的过程，看到政治日趋腐败、社会矛盾日益尖锐、藩镇势力相继崛起的现实状况，亲身体验家破人亡、颠沛流离之苦。因此，他把身世之感和对现实的不满结合起来，创作出一批具有现实意义的作品。

他在《穆陵关北逢人归渔阳》中写道："城池百战后，耆旧几家残。处处蓬蒿遍，归人掩泪看。"真实描写了兵乱之后的残败景象，表达了忧国忧民的真切感受。《送河南元判官赴河南勾当者税充百官俸禄》、《疲兵篇》、《新息道中作》等笔调苍凉沉郁，具有时代特征。

刘长卿还常借诗歌吊古伤怀，倾吐被压抑的有识之士的共同心声，如《长沙过贾谊宅》："汉文有道恩犹薄，湘水无情吊岂知？寂寂江山摇落处，怜君何事到天涯。"论古伤今，将暗讽的笔墨曲折指向当朝皇帝，被认为是唐代七律精品。

刘长卿多写五言诗，曾自言为"五言长城"，其五言近体为人称道，七言佳作也不少。但由于他的大部分诗作内容单薄、境界狭小、风格雷同，限制了他在诗歌创作上取得更大成就。

陆羽著《茶经》

陆羽，字鸿渐，又一名疾，字季庇，自称桑苎翁，又号竟陵子、东冈子、东园先生，晚年更号广宵翁，复州竟陵（今湖北天门）人，生于开元二十一年（733），死于唐德宗贞元年间（785～805）。唐代，我国的饮茶的风尚遍及全国，茶叶成为主要商品之一，陆羽年青时期遍历长江中、下游和淮河

唐鎏金银茶具一套。为唐皇室御用真品，不仅系列配套、质地精良，而且真实地反映了唐宫廷茶道繁荣奢华的特点，是我国茶文化考古史上最齐全、品味最高的一次发现。

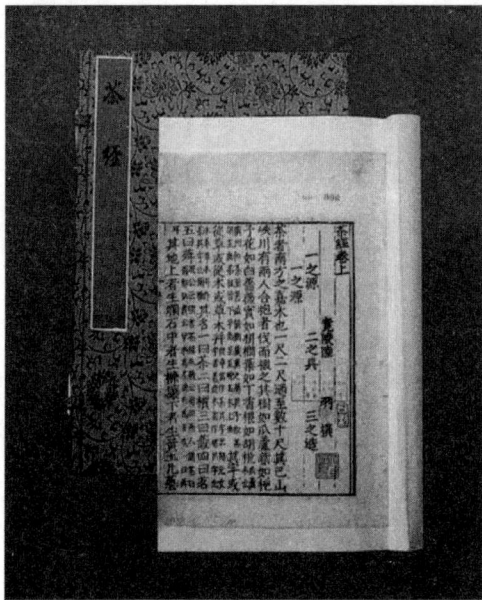

《茶经》书影。《茶经》是中国古代著名的茶书。

流域各地，考察收集大量有关茶叶生产和其它茶事的资料，在此基础上形成有关《茶经》的最初雏形。

《茶经》系统地总结了唐代以前我国种茶、制茶和饮茶的经验以及他本人的体会，全书分上、中、下3卷，计10篇，7000余字，10篇分别为"一之源"，论述茶的起源；"二之具"记述采、制茶的用具；"三之造"是说茶叶种类和采制方法的；"四之器"介绍茶之饮、饮茶的器皿以及我国瓷窑产品的劣势；"五之煮"，陈述煮茶方法和水质的品位；"六之饮"记载饮茶风俗和品茶、饮茶之法；"七之事"汇集历史上有关茶的典故，传说以及药效；"八之出"列举了当时我国名茶产地及所产茶叶的优劣；"九之略"，指出在特殊条件下某些器皿可以省略；"十之图"要求将《茶经》书于绢帛张挂之。其中有关茶的生产和特性，以及采茶所用的器物等内容都应属于农学范围，如论述茶树与土壤的关系时指出："上者生烂石，中者生砾壤，下者生黄壤"，采茶的时间以春茶为上，"凡采茶，在二、三、四月之间"，这些都很符合客观规律，当时茶叶的著名产地大多分布在长江流域及其以南地区，从《茶经》我们可以看出唐代南方已有很高的茶树种植生产水平。

《茶经》是世界上第一部关于茶的专著。《茶经》的出现，不仅对我国，在世界茶学发展史上也具有划时代的意义。

柜坊和飞钱出现

　　柜坊是唐代在城市中所设置的纯粹的金融机构，在唐德宗之前就已经出现。唐政府曾在德宗初年向柜坊借用钱币来供给军队使用，说明当时柜坊的规模已经很大了。

　　柜坊是现代银行的雏形，它一方面大量吸收存款，一方面对外经营借贷，已基本上具备了后代钱庄的性质。柜坊接受存款后，凭借一定的信物替存钱者支付款项，并收取一定数量的柜租，同今天银行在吸收存款时须付出一定的利息有所不同。柜坊在唐代发展迅速，商民在柜坊中存钱数目往往多达百、千贯，甚至十万贯以上，存户还可以凭类似支票的"帖"或其它信物支取钱币。另外还有一种保管寄户出售寄存物品的寄附铺也与柜坊类似，如长安西市的"景先宅"等；此外一些大商店也往往因商业关系为人物寄存钱财，作用也与柜坊相同。

　　随着唐代商业和货币经济的不断发展，飞钱也开始出现。飞钱亦称便换、便钱，是唐代开始的中国最早的汇兑业务。唐朝实行两税法后，流通钱币严重不足，各地禁钱出境。到唐元和元年（806），各地在京商人将钱交给本道驻京的进奏院及军、使机构或在京富商，领取半联票券，另半联寄往各道有关机构、商号。商人回家后合券取钱，这种方法称为"飞钱"。同年，政府下令禁止，因为当时钱荒严重，现钱缺少，政府认为飞钱会使商人、富户们更多地积蓄铜钱。然而，这反而引起大量现钱被携出京外，人们更加藏钱不出，物价更跌，于是只好在次年解除了禁令。由于飞钱可避免长途携运钱币的麻烦及途中可能发生的危险，飞钱逐渐普及起来。政府也开始兴办官营汇兑事业，由户部、度支、盐铁三司专门办理飞钱业务，最初每1000钱收汇费100文，由于商人不汇，后又改为"敌量"与商人便换，即平价汇兑，这后来又一度禁止。懿宗时江淮商人在三司便换，到本州府取钱遭留难，商人不敢再汇，影响到三司收入。但飞钱仍保持到唐晚期。

唐朝

791A.D. 唐贞元七年

二月，册回鹘可汗为奉诚可汗。八月，吐蕃攻灵州，回鹘败之，九月，遣使献俘。

792A.D. 唐贞元八年

王武俊兵图夺平卢之三汊城，李师古遣将拒之，遣人谕止。左神策监军窦文场谱统将柏良器去之，自是宦官始专军政。诗人韦应物去世。

794A.D. 唐贞元十年

南诏土异牟寻与唐使盟，绝吐蕃，继破吐蕃神川，取十六城，降众十余万，献捷于唐。韦皋破吐蕃于峨和城。

796A.D. 唐贞元十二年

六月，以宦官窦文场等为护军中尉监北军，于是宦官权势益大。

799A.D. 唐贞元十五年

二月，宣武军节度使董晋死，军乱。十一月，山南东道等处兵屡破吴少诚。十二月，六州党项奔河西。吐蕃击南诏，无功而还。

800A.D. 唐贞元十六年

十月，韩全义屡败，会吴少诚谢罪，乃罢兵，复少诚官爵。吐蕃大将马定德率部落来降。

791A.D.

阿拉伯与拜占廷帝国战阿拉伯军攻拜占廷帝国在小亚细亚领地，及地中海东部各岛。自791年至798年之间，查理曼先后征服阿伐尔人、文德人（西斯拉夫人）、丹人、捷克人。查理曼之国土北起易北河，南止于西西里，西起埃布罗河（在西班牙东北），东止于泰斯河（今匈牙利）。

794A.D.

日本迁都平安，此后直至明治维新以前未再迁都。

796A.D.

阿拉伯以中国方式造纸之作坊始设于巴格达，未几，大马士革亦继之而起；"大马士革纸"流行欧洲数百年。

800A.D.

查理曼入意大利，圣诞节日前夕在圣彼得教堂由教皇李奥三世为之行加冕礼，上尊号为奥古斯都与罗马人之皇帝。

陆贽执政

唐贞元八年（792）四月十一日，宰相窦参被贬为郴州别驾，兵部侍郎陆贽和尚书左丞赵憬同时被任命为中书侍郎、同平章事。

贞元八年（792）九月，陆贽上书论漕运与和籴。他在奏略中指出：近年来，关辅地区一直丰收，谷贱伤农；而江淮一带遭了水灾，粮价上涨，人民贫饥。按照旧例，仍然每年将江淮谷米运到关中，就会造成极大的浪费，因为现在京师小米一斗只有 37 钱，而江淮小米一斗却要 150 钱，再加上运费 200 钱，实在得不偿失。陆贽请求，将每车从江淮地区运到关中的 110 万斛谷米减少到 36 万斛，剩下的 80 万斛以每斗 80 钱的价格在遭了水灾的州县粜卖，赈济灾民；让京兆和边镇买入谷米，来补充用度的不足并充实边防储备。朝廷采

唐张萱《捣练图》（部分）（宋摹本）。此图分组描绘宫中妇女加工练，依次为捣练、织修与熨平。所绘 12 人，或长或幼，或立或坐，神情姿态各异。画中，拉练者的仰身用力，刻画维肖，观熨女童之好奇，尤见观察细腻，描写生动，反映出唐代妇女劳作的情景。

纳了陆贽的的建议，边防储备渐渐充实。

陆贽执政期间，曾对德宗阐明他对受贿这一弊端的认识。陆贽说，法律严禁官员、士吏受贿，宰相高居百官之首，更要严格遵守法律，不然此风一开，受贿的人会更多，贿赂之物会越来越贵重。如果一个官员接受了贿赂，就必然会徇私情，不能秉公办事。

陆贽为人刚正，不计前仇，秉公办事。前宰相窦参得罪过左司郎中李巽，在窦参被贬到郴州后，李巽告他交结藩镇，其实窦参不过接受了汴州节度使刘士宁赠送的 50 匹绢。德宗不明原委，要杀窦参。虽然窦参从前陷害过陆贽，但陆贽不计个人恩怨，奏明德宗，认为窦参虽然贪纵，但不一定对朝廷有异心，不能妄加定罪。德宗听从了他的劝告。

陆贽为相期间，清正廉明，因为德宗对他非常赏识，他也对朝廷忠心耿耿，凡事都据理力争，不仅就漕运及和籴、受贿等问题提出建议，贞元九年（793）五月，还上奏书指出唐帝国边防中存在 6 个问题。因为他的每次上疏都切中时弊，已使德宗不快，加之裴延龄、赵憬等人的谗言，陆贽终于在贞元十年（794）十二月二十三日被贬为太子宾客。

宦官开始专掌军政

唐贞元八年（792）十二月，左神策大将军柏良器左迁右领军，宦官开始专掌军政。

柏良器曾为左神策大将军。鉴于当时军队里的许多士兵是市井之徒，素质极低，于是柏良器广泛招募有才能、有勇气的人以代之，因而与神策监军宦官窦文场产生了矛盾。不久，碰巧柏良器妻子的族人喝醉了酒，并私自在宫中值宿人的房里过夜，违反宫中的规定而被治罪。窦文场便借这件事陷害柏良器。贞元八年（792）十二月五日，柏良器被贬为右领军。右领军为南衙十六卫官，没有实权；而神策军是北军，掌管着保卫京城的禁兵，如此大权都落入窦文场等人手里。这件事拉开了宦官夺取军权的序幕。

接着，深受德宗宠信的成监军薛盈珍想夺取节度使姚南仲的军政大权。姚南仲不服从他的掌管，双方因而结怨。贞元十六年（800）三月，薛盈珍谗害姚南仲的幕僚，使马总等人被贬。盈珍又在德宗面前多次诋毁南仲，德宗半信半疑。薛盈珍再派小吏程务盈上奏诬陷南仲。牙将曹文洽得知此事后，杀掉了程务盈，自己作表为姚南仲雪冤，并写信给南仲说明情况，然后自杀。德宗闻讯后，非常惊讶，于是，召姚南仲入朝。四月，姚南仲到了京师，向德宗陈说薛盈珍如何扰乱军政的事。但德宗竟然不处置薛盈珍，仍然让他留在朝中掌管机密。

此后，宦官的气焰更加嚣张，以致后来发展到废立天子、挟制天子以号令百官的地步。

诸军屡乱

唐德宗后期，国内屡次发生军乱。

朱泚之乱后，德宗返回长安，因神策等军有护卫之功，都赐名"兴元元从奉天定功臣"，授给官职，使得禁军恃恩骄横，侵暴百姓，凌驾于府县之上。于是德宗于贞元七年（791）三月二十一日下诏告诫禁军要守法，凡与百姓发生讼事的，由府县断决；如有军士敢凌侮府县，就下狱囚禁，并交御史台查审。

贞元八年（792），宣武（今河南开封）节度使刘玄佐去世，其子刘士宁袭位任节度使，诸将多不服气。贞元九年（793）十二月十日，都知兵马使李万荣驱逐士宁。十二月十七日，德宗任命通王谌为宣武节度大使、万荣为留后。贞元十年（794）四月二十八日，韩惟清、张彦琳唆使宣武原来的300名亲兵作乱，被李万荣击败。后李万荣被任命为宣武节度使。

贞元十年（794）六月，昭义（今山西长治）节度使李抱真去世。七月，朝廷任命步军都虞候王延贵为昭义留后，行军司马、摄洛州刺史元谊听说后愤愤不平，企图控制昭义精兵，另立一镇。九月，王虔休率军打败元谊，昭义军乱被平定。

河东（治太原府）节度使李自良于贞元十一年（795）五月去世，监军王定远奏请以行军司马李说为留后，朝廷准奏。定远自恃有功，把持河东军政，与李说有了矛盾。后来定远擅杀大将刀刺留后，伪造敕书告身，失去军心，从城楼落下摔死。

117

盛衰的转折

贞元十四年（798）闰五月，德宗命神策行营节度使韩全义为夏、绥、银等州节度使，率军赴镇。士卒因夏州为盐碱之地，又值盛夏，不愿前往。在全义的强逼下，军中大乱，大将王栖岩被杀。都虞候高崇文率军平叛，诛杀带头反乱之人，军心才稳定下来，德宗派中使口头任命崇文为长武城都知兵马使。

贞元十五年（799）二月，宣武节度使董晋去世，行军司马陆长源为留后。陆长源生性刻薄，恃才傲物，判官孟叔度轻佻淫纵，好侮辱将士，军士怨怒。十一日，士卒听说长源要做节度使，就一起作乱，杀长源，后由宣武大将、宋州刺史刘逸准平息军乱。刘逸准被任命为宣武节度使。

贞元十六年（800），徐州、濠州、泗州节度使张建封去世后，当地发生军乱，乱军拥戴建封的儿子参军张愔为留后，朝廷只得同意。次年六月，朔方、邠、宁、庆军节度使杨朝晟去世，又发生军乱，乱军推举高固为节度使，朝廷被迫同意，军乱才被平定。

综观德宗晚年的一系列兵乱，可知唐朝的边地已成割据之势，朝廷难以控制藩镇。这种局面的造成与德宗信任宦官，不明忠奸有直接的关系。

女子服装富有时装性

隋唐女装富有时装性，往往由争奇的宫廷妇女服装发展到民间，纷纷效尤，又往往受西北民族影响而别具一格。

隋唐时期最时兴的女子衣着是襦裙，即短上衣加长裙，裙腰以绸带高系，几乎及腋下。隋统一后，上襦时兴小袖，影响所及，贵族妇女内穿大袖衣，外面再披一件小袖衣，名叫"披袄子"。讲究的用金缕蹙绣，听任小袖下垂以为美，竟成一时风尚。唐代长期穿用小袖短襦和曳地长裙，但盛唐以后，贵族妇女衣着又转向阔大拖沓，衣袖竟大过4尺，长裙拖地4~5寸，不得不用法令加以限制。

半臂，即今之"马甲"、"坎肩"。是隋唐妇女普遍喜好的一种服装。隋炀帝时，在内宫服用，唐高祖减去袖子，始称"半臂"。半臂是一种合领、对襟、无袖（或短袖）的长衣。衣长至膝，胸前结带，穿于袍衫之外。由于

三彩陶女立俑。着袒胸大袖彩襦，衫腰高至胸部，这是当时妇女喜好的一种服饰。

唐代女俑服饰。袒胸式短襦，在唐代十分流行，甚至女俑的服装也不例外。

盛衰的转折

唐《弈棋仕女图》（部分）

唐周昉《簪花仕女图》（部分）。反映出唐代贵族仕女打扮艳丽入时的服饰特点。

半臂短袖和无袖，便于劳役供奉，所以在宫女中流行。唐代普及民间，成为一种常服。与半臂服装相配，唐代妇女还喜欢将一块帛巾搭在肩背上，名叫"披帛"。

短襦长裙，是隋唐妇女所追求的时尚。一般是裙腰高到胸部，半袒露胸部，裙长拖地。裙色以红、紫、黄、绿为多，红色最为流行。唐代妇女以裙长为美，但作为宫服，对其长度等有所规定。唐代妇女做裙，以幅多为佳，一般是六幅，有多至七八幅者，这不但奢侈，而且穿上后行动不便，所以出现了改革的举措，限制幅度和长度。

唐人善于融合西北少数民族和天竺、波斯等外来文化，这在妇女服装上有明显的反映。唐贞观至开元年间（627 ~ 741）十分流行胡服新装，戴金锦浑脱帽，着翻领小袖齐膝长袄或男式圆领衫子，穿条纹间道锦小口裤，腰系金花装饰的钿缕带，足登软底透空紧勒靴；部分发髻上耸如俊鹘展翅，脸上无例外地用黄色星点点额，颊边画二月牙，或在嘴角酒窝间加两小点胭脂。

唐朝

801A.D. 唐贞元十七年

五月，邠宁庆节度使杨朝晟死，九月，韦皋破吐蕃于雅州，围维州及昆明城。杜佑撰成《通典》。乐山大佛凿成。

802A.D. 唐贞元十八年

韦皋大败吐蕃于维州，俘其大相论莽热。十月，鄜坊军乱，旋定。

803A.D. 唐贞元十九年

闰十月，盐州将李庭俊杀权知州事崔文先，脔食之；庭俊旋被杀，事平。

805A.D. 唐贞元二十一年顺宗李诵永贞元年

正月，德宗死，太子即位，是为顺宗，时已病不能言，王叔文等居中用事。五月，王叔文思夺宦官兵权，奏以宿将范希朝为左右神策京西诸城镇行营节度使，韩泰为行军司马专其事；军为宦官所持，希朝不能行其令，后数月，希朝还本任。八月，帝自称太上皇，太子即位，是为宪宗，贬王叔文等。

806A.D. 唐宪宗李纯元和元年

正月，顺宗死。九月，高崇文入成都，擒刘闢，送京师，杀之。

807A.D. 唐元和二年

八月，卢龙刘济、成德王士真、义武张茂昭互哄，遣宦为宣慰使和解之。是岁，宰相李吉甫撰元和郡国计簿上之。

808A.D. 唐元和三年

三月，回鹘腾里可汗死。四月，策试贤良方正直言极谏科举人，牛僧孺、皇甫湜、李宗闵等指陈时政阙失，直言无隐；宰相李吉甫恶之，泣诉于帝，为之贬试官，僧孺等亦久不得调。于是遂种后日牛李党争之因。

805A.D.

日僧最澄自唐传回天台宗。

806A.D.

僧空海还自唐，传入真言宗。

阿拉伯大举入侵小亚细亚，拜占廷皇帝被迫乞和。

810A.D.

查理曼子丕平遣舰队占领威尼斯，但旋为拜占廷夺回。明年，查理曼与拜占廷订立和平条约，任威尼斯与拜占廷联合，并允许威尼斯在半岛大陆上有通商权利。

韦皋屡败吐蕃

唐贞元十七年（801）七月，吐蕃又出兵侵扰盐州、麟州（今陕西神木）等地，德宗即派剑南西川节度使韦皋出兵，深入吐蕃内部，分其兵力，以解除北部边患。

于是，韦皋派军将率兵2万分9路出击，进攻吐蕃占据的维州（今四川理县东北）、保州（今四川理县西北）、松州（今四川松潘）。九月，韦皋在雅州（今四川雅安）大败吐蕃，然后乘胜追击，转战千里，攻下吐蕃占据的7座城池、5个军镇，烧毁吐蕃的城堡150个，斩杀吐蕃士兵1万多人，俘虏6000人，吐蕃降户也有3000。接着，韦皋包围维州和昆明城（今四川盐原）。十月十一日，韦皋升任检校司徒兼中书令，被赐爵南康郡王。在这场战争

敦煌吐蕃时期《南方天王》壁画。南方天王名毗琉璃，又名增长天。"领鸠槃荼（吃人精气之鬼）及薜荔神（饿鬼），护阎浮提（赡部洲，即吾人之住处）人"，为佛教中护世天王之一。此天王戴盔穿甲，手握弓箭，坐在两个小鬼身上，神态威武。身后随从的鸠槃荼与座下的小鬼，由于晕染法而表现出肌肉突起，给人以结实有力的感觉。

中，南诏王异牟寻出兵与唐军配合，全力攻杀，德宗于是派中使诏慰安抚。

第二年正月，吐蕃派大相兼东鄙五道节度使论莽热率兵10万来解维州之围。韦皋率领西川士卒，依据险要的地形设下了埋伏。吐蕃兵到达后，唐军1000多人，出城挑战，吐蕃军果然随即令军来追击。唐军且战且退，将吐蕃军引入已设好的埋伏，西川将士一齐出击，截断了吐蕃军的退路。吐蕃军虽

拼死抵抗，但已无济于事，于是兵卒纷纷溃逃，死伤大半。西川兵将还抓住了吐蕃大相论莽热。贞元十八年（802），韦皋派人将论莽热押送长安，德宗赦免了他。

唐顺宗即位重用二王改革

贞元二十一年（805）正月二十三日，德宗去世，时年64岁。翰林学士郑絪、卫次公等人急忙聚集在金銮殿，商议再立新君之事。宦官以太子重病缠身不能理政为由，想要改立；卫次公等人则认为，如果改立太子必将引起祸乱，极力拥太子即位。太子知道朝臣尚在忧疑，为安中外，他身着紫衣麻鞋，抱病出了九仙门，召见各军使，人心才安定下来。二十六日，太子李诵在太极殿即皇帝位，是为顺宗。

顺宗即位前，已因中风不能言语，所以不上朝堂处理国事，一直住在宫里，百官通过帘帷向顺宗奏请国家大事。

顺宗还是太子的时候，翰林待诏王伾、王叔文为太子侍读，深得李诵的信任。顺宗即位后，当时一批主张打击宦官势力、革新政治的中青年官僚士大夫如韦执谊、韩泰、陈谏、柳宗元、刘禹锡、韩晔、凌准、程异等，都以二王为领袖，形成了一个革新集团。由于顺宗即位前已中风，不能讲话，所以有些制诏完全由二王草拟发布。韦执谊被任命为宰相，颁布了一系列明赏罚、停苛征、除弊害的政令。

王叔文等人的改革措施主要有以下几点：一、惩办贪官，荐引廉相。贬京兆尹李实的官职，召陆贽、阳城、杜佑等著名政治家入朝；二、罢进奉、宫市、五坊小儿等名目繁多的进项，免除民间历年所欠的租税及一切杂税，并免了盐铁使的月进钱；三、谋划夺取宦官的兵权，以此来限制地方割据势力，加强中央对地方的控制；四、放出宫女300人，解散宫中供享乐之用的乐队。这些革新措施，主要是针对宦官和地方藩镇，自然引起了他们的不满和抵触。

永贞元年（805）五月，与凌准有联系的范希朝被任命为左右神策京西诸城镇行营兵马节度使，韩泰为行军司马，李位为推官，以便夺取宦官所掌握的京西诸镇神策军兵权。宦官知道兵权被王叔文所夺，大怒，密令各个将领不要把兵卒交给别人。由于遭到宦官集团的强烈反对，夺取兵权的计划没有实现。六月，剑南西川节度使韦皋派支度副使刘辟到长安，让王叔文把三川（剑南东川、西川及山南西道）都划归韦皋统辖，遭王叔文拒绝。不久，宦官俱文珍、刘光琦等人和剑南西川节度使韦皋、荆南节度使裴均、河东节度使严绶等串通起来反对王叔文集团。

永贞元年（805）五月，宦官俱文珍痛恨王叔文要夺他的兵权，下诏削去他翰林学士的职务。六月，韦皋自恃是朝廷重臣，又远在蜀中，谅王叔文奈何他不得，上表诬告王叔文。裴均、严绶也纷纷上表。

永贞元年（805）八月，顺宗被迫让位给太子纯（宪宗），改元永贞。宪宗一即位，就贬王伾为开州（今四川开县）司马，王伾不久病死。王叔文被贬为渝州（今四川重庆）司户，次年被赐死。其余的人也被贬或赶出朝廷。王叔文集团掌权仅146天，改革就宣告失败。

高崇文讨平西川军乱

元和元年（806）正月，西川节度使刘辟反，执东川节度使李康，三川震动。

永贞元年（805）八月，剑南西川节度使南康王韦皋去世，支度副使刘辟自为留后，并希望朝廷任命自己为节度使，宪宗不同意，任命袁滋为西川节度使，刘辟为给事中。但刘辟不受征召，陈兵拒守。袁滋因为刘辟兵强马壮，不敢前往，宪宗大怒，将袁滋贬为吉州刺使。由于宪宗即位不久，无力讨伐，故只能暂时估息，提升刘辟为西川节度副使。

这样一来，刘辟更加骄横，又要求兼管三川，宪宗不答应，于是他便发兵攻占梓州（今四川三台），俘获东川节度使李康。元和元年（806）正月，宪宗任命左神策行营节度使高崇文率5000兵马为前锋，神策京西行营兵马使李元奕率2000兵马为次军，与山南西道节度使严砺一同讨伐刘辟。

元和元年（806）二月，山南西道节度使严砺攻占剑州；三月，高崇文率军进军梓州，刘辟部将率兵逃走，崇文收复梓州。三月十三日，宪宗下诏削夺刘辟的官爵，四月四日，任命高崇文为东川节度副使。六月五日，崇文击败刘辟鹿头关1万多宋军；六日，高崇文的部将高霞寓又夺取关东万胜堆；

八日，高崇文在德阳（今四川德阳）大败刘辟。接着，刘辟在汉州（今四川金堂西北）、玄武（今四川中江）等地都遭到惨败，粮道又被切断，将士纷纷向官军投降。九月二十日，高崇文攻克成都，刘辟逃往吐蕃，被高霞寓俘获。十月二十九日，刘辟被押送到长安，诛灭全族。高崇文、严砺以平叛有功，分别命为西川节度使、东川节度使。

李吉甫撰《元和国计簿》

唐元和二年（807），宰相李吉甫等人撰成《元和国计簿》，共10卷。该书汇总当时全国方镇、府、州、县数与户口、赋税、兵员的实际情况，是唐代有关国家财赋的重要著作。书中共记全国48方镇，295州府，1453县，2442540户，租税总收入有35151228贯、石；凤翔、鄜坊、邠宁、振武、泾原、银夏、灵盐、河东等军镇都在边陲，不纳赋税，易定、魏博、镇冀、范阳、沧景、淮西、淄青等藩镇都为世袭，割据一方，根本不申报户口、不纳赋税，每年赋税只依赖浙江东、西，宣歙、淮南、江西、鄂岳、福建、湖南等8道49州，共有1440000户人口，比天宝年间（742～756）税户减少3/4；全国兵卒830000多人，比天宝年间增加了1/3，大约两户养一兵。因水旱所减税额及因战事所征税额，不在此数。

宪宗策试种牛李党祸

元和三年（808），唐宪宗策试贤良方正直言极谏举人，伊厥县尉牛僧孺、陆浑县尉皇甫湜、前进士李宗闵都述说指责时政的过失，直言无隐，主考官吏部侍郎杨于陵、吏部员外郎韦贯之因赏识3人之才，将他们署为上第；宪宗看了也很赞赏，认为他们敢于直言进谏，精神可嘉，于四月十三日，下诏命中书省优先妥善安置并加以奖励。

但是，宰相李吉甫因为牛僧孺等人指斥触及了自己，对牛僧孺等人心生不满，于是向宪宗进谗言，说考策官杨于陵、韦贯之徇私情、图报复，覆试

官翰林学士裴垍、王涯也不秉公办事。宪宗听信了李吉甫话，将杨于陵贬为岭南节度使，韦贯之贬为巴州刺史；罢免了裴垍、王涯的翰林学士一职。牛僧孺等人分别由所在藩镇负责调动，很长时间得不到朝廷的重用。

不管怎样，牛僧孺等人对时政的指责还是有道理的，而且这件事还连累了四位考官，所以朝中大臣多有不服。元和三年（808）五月，翰林学士、左拾遗白居易上疏给宪宗，认为牛僧孺等人直言时政，却被斥逐，杨于陵等主考、裴垍等覆试都因而贬官，这样一来，使得朝中上下都闭口不言，而心里却都为他们不平。白居易认为宪宗既然下诏征求直言进谏，而牛僧孺等人的策对就是诏书中所要寻求的，不按照他们的陈辞去改革时弊也就罢了，又怎么忍心降罪给他们呢。虽然白居易的上疏言辞恳切，递上去后，却没有回音。

这次对策事件是牛李党争的开端。此后，两党各分朋党，互相倾轧，时间长达40年之久，是唐朝持续时间最长、规模最大的一场党争。

宝带桥。苏州市东南运河西侧，跨澹台湖口的联拱石桥，建于唐元和年间。相传唐苏州刺史王仲舒为建桥曾捐玉带，以助工费，又因桥似宝带浮于水面，因而得名。

王承宗起兵反唐

唐元和四年（809）九月，宪宗想削弱成德节度使王承宗的势力，王承宗起兵反唐。

元和四年（809）三月，成德节度使王士真去世，其子副大使王承宗自封为留后。宪宗与朝臣多次商议，想由朝廷派遣节度使，以替代王承宗。但朝臣认为世袭之制早已根深蒂固，恐怕一旦废除，王承宗与邻道会互相勾结共同谋反。于是宪宗派京兆少尹裴武到成德镇宣慰。九月，朝廷任命承宗为成德节度使，恒、冀、深、赵4州观察使；任命德州刺史薛昌朝为保信军节度使，德、棣2州观察使。魏博节度使田季安怕成德镇被分割会危及到自己的藩镇，就挑拨承宗，说薛昌朝暗中与朝廷相通。王承宗立刻将薛昌朝抓到恒州囚禁起来。元和四年十月，宪宗派宦官吐突承璀率军讨伐王承宗，并命令恒州四周的藩镇分别进兵讨伐王承宗。吐突承璀率神策兵从长安出发，幽州牙将谭忠劝田季安不要援助王承宗，又用计激起自己的节度使刘济讨伐王承宗。元和五年正月，刘济亲自率兵7万击败王承宗，攻克饶阳、束鹿。

昭义节度使卢从史首先建议朝廷讨伐王承宗，等到朝廷出兵，却又按兵不动，而且与王承宗暗中勾结。吐突承璀用计抓住卢从史并送往京师。四月，河东节度使范希朝、义武节度使张茂昭联合，在木刀沟（今河北保定附近）大破王承宗。

在诸道兵马的讨伐之下，王承宗于七月派人到长安请罪，请求允许自己改过自新，并且愿意纳贡缴税，希望朝廷恢复自己的官爵。朝廷因为军队久无大功，白居易等人又多次请求罢兵，于是下诏，仍然让王承宗担任成德节度使，又将德、棣两州还给成德镇，并调回各道兵马。

佛像造像在四川盛极

　　四川石窟艺术，从东汉就已萌芽，在南北朝至隋唐两宋进入繁荣时期。

　　南北朝至唐开元年间，四川石窟的题材内容，基本上与我国北方诸石窟一致，大多是依《法华经》、《妙法莲华经》镌造佛集会说法，或三佛、千佛、释迦与多宝佛并坐；常在一窟之中以弥勒佛为主尊，造弥勒大佛之风盛行，体现了以弥勒净土为主题的大乘佛教思想的流行。开元至五代时，随着佛教诸宗的兴起，出现了大量涉及净土宗、禅宗、密宗的造像。入宋以后，净土、

唐代四川仁寿牛角寨第 28 号千佛龛

129

四川西魏时期广元皇泽寺第 27 号龛弥勒佛

华严、密、禅诸宗相涉的题材涌现，华严与密宗题材"孔雀明王"、不空索观音与罗刹利童子、摩利支天、九子太母、水月观音、佛与十圣等造像，在大足和安岳流行。宝顶山石窟寺，不仅有阐明华严、净土、禅、密诸宗义理的造像，更有宣说十善戒律，以牧牛论证比丘修行调伏心意，和叙述柳本尊教主苦行传教的史迹，以及祈福禳灵，灌顶受戒等题材。

四川石窟艺术题材广泛，艺术形式多样，生活气息浓郁，地方特色鲜明，其在艺术上所取得的成就，是四川优越的地理位置和自然环境以及特殊的历史条件所致。

我国古代立国建都多在中原一带，每当干戈相寻、改朝换代之时，四川在直接受到的破坏较少，政局较为安定，经济和文化得以持续上升的条件下，虽非世外桃源，却常是中原战乱的大后方。名家世族、富商豪贾、文人世士

唐代四川仁寿牛角寨第 44 号龛真人群像（局部）

131

唐代巴中南龛第 68 号鬼子母龛

唐代四川巴中始宁寺第 8 号释迦说法窟

和僧道荟萃，千家万户在兵荒马乱时进入四川求食和定居。社会财富和劳动力大量南移，促进四川经济和文化的大发展，同时也为宗教造像活动的发展和繁荣提供了条件。四川位于长江、黄河两大流域之间，与它壤地相接的陕、甘、青、藏、滇、鄂都是佛教较为兴盛之地，在文化艺术上与四川长期进行广泛的交流活动。当中原、河西多次发生战乱，交通阻塞之时，四川联系外域，沟通南北，在文化艺术上的交流未尝中断，甚至更趋繁荣。我国雕塑艺术与绘画关系密切，四川在唐、五代、两宋时绘画最为繁盛。唐玄宗、昭宗入四川避难，五代后蜀孟昶于明德二年（935）在成都开创"翰林图画院"，设官分职，广招四方文人艺士。在宋代西蜀绘画也相当活跃，不少画家都是当时名手。大足北山的"文殊诣维摩问疾图"，相传即石恪手笔。大足北山五代十六罗汉造像显然受当时写意画风的影响。宝顶山石窟寺大量的半身造像，其艺术效果有如赵昌的"折枝花卉"和山水画中的"马一角"、"夏半边"等含蓄的处理手法。五代石恪，宋赵子云、甘风子、梁楷等善于将工细与粗放相结合的画风，也在大足北山一三六号窟和宝顶山的牧牛图中出现。自汉以来，四川的手工业以精巧驰誉全国。唐宋时随着经济繁荣，手工业长足发展，匠师姓名在唐代造像题记和文献上渐渐出现，如晚唐通江张文进、赵进、简崇福，巴中元从衎，邛崃徐才富，资州雍慈敏，五代东川雍中本，眉州程承辩，简州杨元真、许候等，从汉至五代不过十余人而已。宋代全国各地所设作院规模宏大，对匠师的技艺按期考核，提升职位等级，匠师们的社会地位也有所改善。四川是全国手工业重要地区，在成都、潼川、遂宁、邛、资、渠、昌等州均设有作院。

在悠久的巴蜀文化传统基础上，在与四川壤地相接地区的文化环境中，在特定的历史条件下，古代匠师精湛的艺术在南北朝时初露光彩。隋大业五年巴中石窟造像，是我国隋代石窟艺术中珍贵的精品。广元、巴中、乐山、邛崃、仁寿、大足、安岳等地唐五代造像繁花似锦。大足许多精美造像，奇花异葩，蔚为大观，是我国宋代石窟艺术的代表作，为其他地区所罕见。大足宝顶山石窟寺造像群，是我国唯一的密宗道场石窟寺。隋开皇初至大业年间（581～618），四川地区佛、道造像并举，如天竺人昙摩拙叉至成都积县大石寺，刻十二神形于寺塔下；开皇初，造广安冲相寺定光佛像；开皇十八年、大业五年（609）巴中西龛造像群共59龛，分布在城南古风谷山中的西龛寺、

唐代巴中南龛第78号西方净土变窟石壁飞天

四川广元千佛崖摩崖造像。位于四川广元市北 4 公里的嘉陵江东岸。在长约 420 米、宽 40 多米的崖面上，密布有唐宋时期的 13 层龛窟。现存龛窟 400 多个，造像 7000 多身。

大佛洞和龙日寺等三处。造像具有隋代风格并有铭文纪年，雕刻精美的莫过于此处最大的一窟，即大业五年造第十六号窟。

大业五年凿就的此窟造像，应是隋代造像艺术高水平的代表作，是继之而来的灿烂的唐代石窟艺术的前奏。四川的造像活动从武德二年至光化二年，在整个唐王朝统治时期一直呈现繁荣景象。造像活动主要是沿着米仓道、金牛道、阴平道，灵关诸道，以处于军事、政治、交通的重要位置的州郡所在地为重点，再扩展至附近各县区。在富饶的盆地内，广阔的丘陵地区和南北山麓形成东至忠县，南至宜宾、昭觉，西至邛崃、茂汶，北至广元、通江，遍布 30 余县的石窟艺术网络。

唐武德至天宝年间（618 ～ 756），造像活动在四川遍地开花，造像活动可能从武则天出生地广元、通江、巴中、茂汶、绵阳、简阳、安岳、乐山波及南江、旺苍、阆中、广安、昭化、梓潼、剑阁、达县、仁寿、眉山、彭山、夹江、丹棱、蒲江、荣县、乐至、南川等数十处，每一处少则数龛，多则数十龛以至数百龛。题材内容以佛集会说法为主，其次是七佛、千佛、弥勒佛等，也出现了佛涅槃、净土变和千手观音。造像有较显著的特色。

开元时期佛、道诸神的造型，龛窟装饰和雕刻技法的演变，已形成鲜明

135

的唐风，在艺术上进入高峰时期。

在此期间，有计划开凿、统一布局的道教造像有丹棱的龙鹄山、安岳玄妙观、仁寿牛角寨、剑阁鹤鸣山等处。在道教造像群中常安排老君、释迦同龛，或佛、道龛像并列。虽是道教造像，除题材内容不同，在艺术风格上几乎与佛教造像一致。这个时期，匠师们在构思、形象和技巧的处理上，竞相别出心裁，不拘一格，造型渐趋多样，刻划精，品格高，呈现出耀眼夺目的新风貌。梓潼卧龙山四面龛，广元皇泽寺大佛楼，千佛崖牟尼阁、释迦多宝窟，巴中始宁寺以及丹棱郑山，夹江千佛崖，彭山龙门洞等处不少菩萨造像，或工整丰厚，或雄健浓丽，或简淡俊秀，斧凿纵横，无美不臻，神彩动人，都是当时造像艺术高峰上的精品。

唐肃宗至德元年至哀帝天祐年间（756～906），四川石窟唐代造像活动进入后期。唐后期造像地区由北向南推移，分布在广元、梓潼、蒲江、邛崃、丹棱、犍为、富顺、内江、资中、资阳、昭觉、荥经、营同、广安、乐至、安岳、合川、潼南、铜梁、大足等地。大历至咸通年间，继开元之后涌现了造像活动的第二个高潮，出现不少新的题材内容和艺术形式。

在唐代近三百年的造像活动中，四川石窟艺术发展到千枝竞秀、万萜争荣的极盛时期。佛教与道教在互相排斥中又互相融合。道教造像题材内容和艺术形式，在我国石窟同期道教造像中都颇具特色，如仁寿牛角寨的道教造像，有的老君、尊人集会排列于一窟中，人物多、场面大、内容与构图都别具一格。但是若与佛教造像比较，佛教造像百龛，道教造像仅二三龛而已，道教题材内容与艺术形式也远不及佛教造像丰富多彩。在唐前期造像活动中已初露净土宗和密宗的色彩，后期造像在吐蕃和南诏以及敦煌石窟艺术影响下，净土宗和密宗造像的数量猛增，其色彩越发浓郁。广元、巴中、乐山、邛崃、丹棱、仁寿、安岳、大足等地许多精美的造像，凝聚了各族人民的智慧和龙门、敦煌诸石窟艺术的精华，十分璀璨夺目。

唐末天下大乱，十国分立，在北方石窟造像已趋衰退之时，四川在前蜀和后蜀期间造像仍相当兴盛。当时四川不仅绘画艺术的繁荣可与南唐抗冲，是全国绘画艺术的两个中心之一，而且是石窟造像最活跃的地区。

宋前期造像活动在绍兴年间进入高峰时期，佛教造像一直延续不断，道教造像多集中在绍兴时，三教造像在元丰、绍兴、乾道时出现。佛教诸宗融合，

唐代四川广元千佛崖洞主佛

唐代四川安岳千佛寨第 56 号窟左壁观音菩萨

唐代四川蒲江看灯山大佛窟石侧力士

南宋大足宝顶山石窟全景。是石窟史上最后的一座丰碑。

三教会同是此一时期造像题材最显著的特色。

宋后期造像是指庆元二年以后至南宋末年 80 余年间的造像活动。在此期间内虽有不少造像，但有纪年记载的仅 2 处，一是安岳石羊乡般若洞嘉熙四年铭刻。一是大足宝顶山大佛湾明清碑碣镌刻有关赵智凤建道场情况。大足宝顶山、安岳毗卢洞、华严洞、茗山寺、合川涞滩、广安金凤山、武胜沿口镇等地风格接近。安岳、合川造像可能早于宝顶。宋前期造像的数量和分布地区不及唐和五代，到宋后期则越发减少，但其造像艺术却别具一格，独放异彩。四川的经济和文化经过宋元战火的摧残，从此萧条衰退，明清时期恢复缓慢。元代石窟造像至今很少发现，而明清造像为数不少，但是大多数墨守陈规，在艺术上大为减色。石窟艺术从此一蹶不振。

乐山大佛造成

唐德宗贞元十九年（803），乐山大佛造成。它是世界上现存尺度最大的石刻坐佛像。

乐山大佛位于今四川省乐山市东面岷江、青衣江、大渡河三水交汇处的栖鸾峰下，依凌云山山崖开凿而成。唐玄宗开元元年（713），由贵州籍名僧海通募款动工，海通逝世后，由剑南四川节度使韦皋舍俸钱50万继续兴建，历时90年完工。

乐山大佛是弥勒坐像，坐东向西，螺状发纹，面相端庄，身躯比例适度；衣饰流畅，两手覆膝，双足踏在莲花山上。全身通高70.8米，肩宽24米。其中头高14.7米，头宽10米，耳长7米，眼长3.3米，眉长3.7米，鼻长5.6

唐开元至贞元年间乐山凌云山弥勒大佛。乐山大佛正襟危坐，庄严肃穆，体态匀称。雕刻手法洗练，风格粗犷豪放。

141

唐四川安岳卧佛院释迦牟尼左侧卧造像。释迦牟尼左侧卧造像在距安岳城北25公里的八庙乡卧佛沟的北岸中部。造像全长23米，头长3米，肩宽3米，横卧于距地表5米处的崖壁；背北面南，头东脚西。头有螺髻，面部秀丽，双目微闭，眉间有红印，仪态端庄。双耳戴圆形花卉耳环，头枕莲花枕，着薄衫，胸部内衣结带，双手自然伸直，赤双脚，面部表露出安详而肃穆的神情。整体造像线条柔和，刀法简练明快。

米，嘴长3.3米，颈高3米，手指长8.3米，脚背宽8.5米。大佛依山傍水，气势恢宏。完工时的弥勒坐像，全身彩绘，上盖有宽60米的7层13檐楼阁。此阁唐称大佛阁或大像阁，宋易名天宁阁或凌云阁，元末毁于战火再未重建。和大佛一起开凿的还有在大佛右侧石壁上自上而下凿出的一条险峻栈道、栈道九折而下。置身其上，令人心惊魄动。栈道侧面，原有数百龛造像，多残缺不全，现保存较完整的有两个龛，其中一龛是"西方极乐图"，雕刻精细，造型生动。

乐山大佛高大无比，在极远外，人们便可见其隐没在云山雾海之中。它可远眺峨嵋山，近瞰乐山市，作为世界上现存最大一尊摩崖石像，它拥有"山是一尊佛，佛是一座山"之美誉。乐山大佛充分体现了我国古代劳动人民高超的佛雕艺术。

唐朝

811~820A.D.

811A.D. 唐元和六年

九月，用宰相李吉甫言，并省内外官 808 员，诸司流外 1769 人。

813A.D. 唐元和八年

正月，渤海国王大元瑜死，以其弟言义为王。十月，回鹘度碛自柳谷击吐蕃，振武节度使李进贤发兵备之，军乱，屠进贤家，进贤逃而免，旋定。

李吉甫撰成《元和郡县图志》。

814A.D. 唐元和九年

闰八月，彰义节度使吴少阳死，其子元济匿丧自为留后，四出焚掠。十月，党项扰振武。诗人孟郊死。

815A.D. 唐元和十年

正月，发十六道兵讨吴元济，数月，互有胜负。师道暗助元济，遣人焚各路军储；六月，又使人刺杀宰相武元衡。

816A.D. 唐元和十一年

正月，发六道兵讨王承宗。诗人李贺死。

817A.D. 唐元和十二年

五月，以诸道讨王承宗久无功，暂罢之。六月，吴元济以势日蹙，上表谢罪，诏许以不死；元济为部下所制，不得出。宰相裴度请督师，许之，以为淮西宣慰处置使，护诸将。十月，唐随邓节度使李入蔡州，擒吴元济，淮西平。

818A.D. 唐元和十三年

四月，王承宗介田弘正谢罪，献德、棣二州；原之。七月，以李师道反复，发五道兵讨之。

819A.D. 唐元和十四年

二月，李师道部将刘悟杀师道，事平。是岁，吐蕃、党项围盐州急，灵武牙将史奉敬率兵袭吐蕃后，大破之，围解。是年文学家柳宗元死。

813A.D.

阿拉伯哈里发阿尔·阿明之弟马门攻下巴格达，杀阿尔·阿明，自立为哈里发（813～833），史称"伟大者"。当其在位时，阿拔斯朝达到极盛的时期。查理曼卒，其子路易一世嗣位，除意大利由其侄柏恩哈特统治外，领有帝国全境。阿拉伯人使用印度人的"阿拉伯"数字。

143

李吉甫编成《元和郡县志》

　　唐宪宗元和八年（813），李吉甫编成了《元和郡县图志》，全书从京兆府到陇右道，共写了47镇，在介绍每个镇前都附有一幅图。但大约在南宋时，志存而图失，所以也有人称此书作《元和郡县志》。这是我国现在最早最完整的全国性方志名著，同时也是一部以疆域政区为主体的地理总志，保存了唐代政治经济的宝贵资料。此书继承和发展了汉、魏以来的地理志、图志和图经的编撰方法，叙述有章有法，内容翔实可信，后世认为此志"体例最善"。以后历代各种志书都以此志为范本，所以此书也可称是划时代的地理著作。

　　《元和郡县志》原有志40卷，目录2卷，共42卷，今传本缺6卷，仅存34卷。唐代自贞观以来把全国分为十道，此书就以道分卷，道以下是府州，分别叙述了治所、沿革、户额、贡赋等内容。重点叙述了各地的山川河流、形势险要、农田水利等。全书共记河流550多条，湖泊130多个。李吉甫在

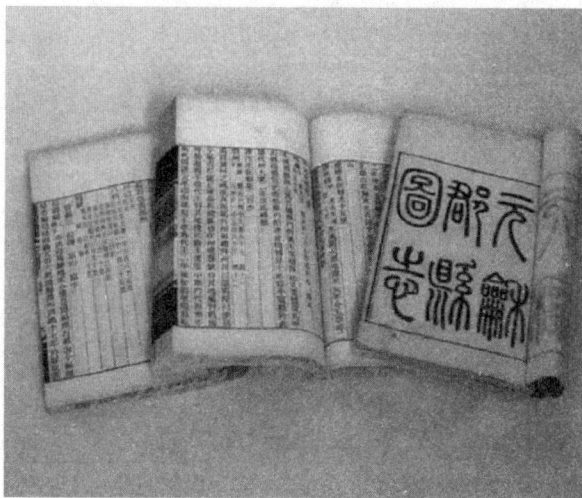

李吉甫撰《元和郡县图志》。唐代地理总志，是现存最早且较
完整的总志。

书中对节度使控制的府州，都标明该地归某某节度使管辖和该节度使管辖的范围，以便引起人们的注意，达到削弱藩镇势力，维护全国统一的目的。此书还记述了各府州的户口资料，更值得令人重视的是书中列举了开元和元和年间的户额，不仅反映出了唐代户口分布情况，而且反映了安史之乱前后人口分布的变化。如河南道的汴、宋、亳、许、陈、徐等六州，元和时户额不到开元时的 1/10，而中州（治所在今河南信阳南）则仅为 1/34。但同时，有些地方人口有所增长，如江南道的苏、鄂、洪、饶、吉等五州人口均有大幅度增长，说明同一时期江南经济仍有所发展。这些材料对于研究唐代历史和地理，是很有参考价值的。另外，该书不只介绍了各府州的一般情况，而且对它们的府州界线、等级（当时按所在位置、辖境、人口、经济发展状况等，把府州划分为不同等级）、物产、八到（按八个方位到主要城镇的距离和路线）等都有记载。这是因为李吉甫想力求使此书更为实用，达到充分为政治、经济、军事服务的目的。

李师道行刺武元衡

元和十年（815）六月，李师道派刺客暗杀武元衡。

自唐元和九年（814 年）十月宰相李吉甫去世后，宪宗皇帝命令宰相武元衡主持用兵淮西，平定吴元济叛乱事宜。为了维护自己的利益，淄青节度使李师道企图救援淮西，因此决定派遣刺客暗杀坚决主战的强硬派宰相武元衡，认为只要武元衡一死，朝廷里的其他官员们必然不敢冒死的危险再上奏皇帝用兵镇压吴元济。元和十年六月三日拂晓，武元衡象往常一样去上早朝，刚刚走出靖安坊东门，突然一个凶悍的刺客从暗中冲出，执刀直扑武元衡，随从们非常怕死，四处逃散。刺客于是杀了武元衡，并取其头颅而去。随后，这名刺客又到通化坊去刺杀另一主战派大臣裴度。裴度头部被刺客砍伤，倒在路旁的深沟中，因头戴毡帽很厚而幸免于难。同时，裴度的随从王义从后面死死抱住刺客不放，并大声呼救抓刺客。刺客拚命挣扎，最后不得不用刀砍断王义的胳膊才得以逃脱。京城闻讯大惊。为了防止这类事故再次发生，宪宗皇帝下令这段时间内宰相们出入朝廷均由金吾骑兵（铁甲武士）护送，

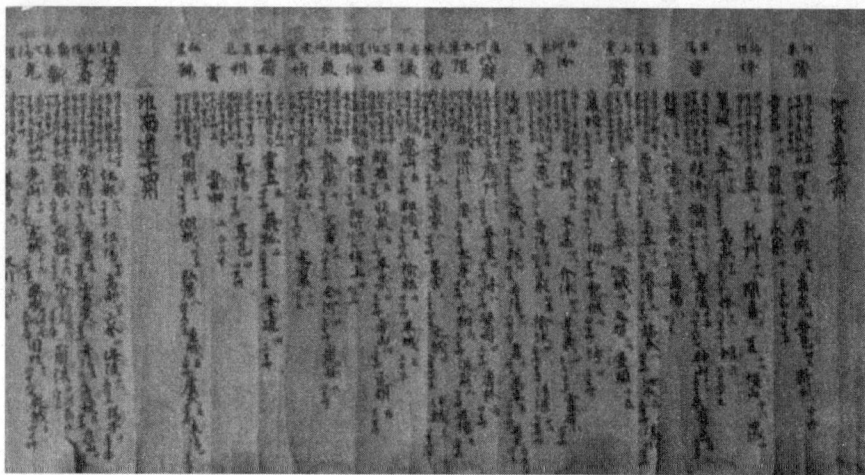

敦煌唐代《地理志》残卷。此书首尾俱缺，现存 160 行。起自陇右道同谷郡，止于岭南道贺水郡。共记载州府 138 个，县 641 个，约占当时中国郡县总数的 40%。

同时加紧搜索各坊门，严加查问陌生路人。六月八日，宪宗命令在长安及全国各地搜捕刺客，凡擒获者赏钱一万缗，授五品官，敢隐匿者，诛灭九族。于是京城开始大规模的搜捕，甚至公卿贵戚家里有夹墙、重层者都不能幸免被搜查。

裴度平定淮西

　　元和十二年（817）十月，宰相裴度亲自督战，平定淮西。

　　淮西（今河南汝南一带）自大历十四年（779）李希烈为节度使后，其继任藩帅吴少诚、吴少阳相继割据，与朝廷公庭抗礼。朝廷曾几次出兵征讨，都以失败而告终。唐元和九年（814）九月，淮西节度使吴少阳亡，其子吴元济却匿丧不报朝廷，擅自统领军事要务，倚靠手下大将董重质，四处出兵抄掠，企图进一步扩大势力范围。朝廷闻知吴元济叛乱非常震惊。淮西判官杨元卿将淮西虚实及破吴元济之策全部都告诉了宰相李吉甫，李吉甫立即上奏要求讨伐淮西。宪宗采纳了李吉甫的建议，命令宣武（今河南开封）、山南东（今

裴度像

湖北襄樊）等十六道兵马讨伐叛军。

战争初期，宪宗曾先后以严绶、韩弘为招讨使、都统，指挥诸军进讨吴元济。由于严、韩二人皆非将帅之才，指挥作战不力，加之各道兵马又各怀私念、勾心斗角、缺乏统一的协调和配合，因而官军虽然在兵力上占绝对优势，但在战场上和叛军却互有胜负，双方僵持不下。此外，与淮西同时割据的淄青（今山东东平西北）、成德（今河北正定）两镇的节度使也出兵声援吴元济。淄青节度使李师道甚至还派人焚烧河阴（今河南郑州西北）转运院仓储，遣刺客暗杀宰相武元衡、裴度，并企图在东都（今河南洛阳）制造流血事件，扰乱朝廷后方，以救援淮西。朝廷内部，以武元衡、裴度为首的主战旅和以李逢吉为首的主和派也展开了激烈的争论。元和十年六月，武被刺身亡，裴受重伤，朝议哗然。李逢吉等屡次请求收兵。在这紧要关头，宪宗平叛的决心毫不动摇，毅然罢免李逢吉等人的官职，拜裴度为相，主持朝政。元和十一年十二月，宪宗任命李愬为唐、随、邓（今河南泌阳）节度使，增兵前线。同时，派程异赴江淮督征财赋；设置淮颍水运使，开通从扬州至郾城（今河南）的水运路线，保障了淮西前线官军的供给。元和十二年八月，宪宗命裴度为淮西宣慰处置使，赴前线行营督战。裴度奏请皇帝罢免了以宦官充任的监阵敕使，使各军将领的指挥专一，不受干扰；同时加强诸军的配合协调。不久，战局急转，官军接连取胜。当年十月，李愬乘淮西分兵抵抗官军、内部空虚之机，率军雪夜奇袭蔡州，活捉了吴元济。淮西战役历经三年，终以朝廷胜利而告终。

李愬雪夜袭蔡州

唐元和十二年（817）十月，李愬雪夜袭蔡州，活捉吴元济，平定淮西叛乱。

唐元和十二年（817）初，随、邓（今河南泌阳）节度使李赴任后，安抚部卒，乘淮西（今河南汝南）无备，出兵征讨。同年二月，李愬奏请朝廷增兵，宪宗便命昭义（今山西长治）、河中（今山西永济东）、鹿阝坊（今陕西富县、各拨两千步骑兵马支援李。二月七日，李愬部将马少良巡逻之际，活捉了吴元济骁将丁士良。丁士良感不杀之恩，愿以死相报。三月廿八日，李愬又用丁士良计谋擒获吴元济大将吴秀琳及其部将李宪。李宪非常勇猛，李愬将改

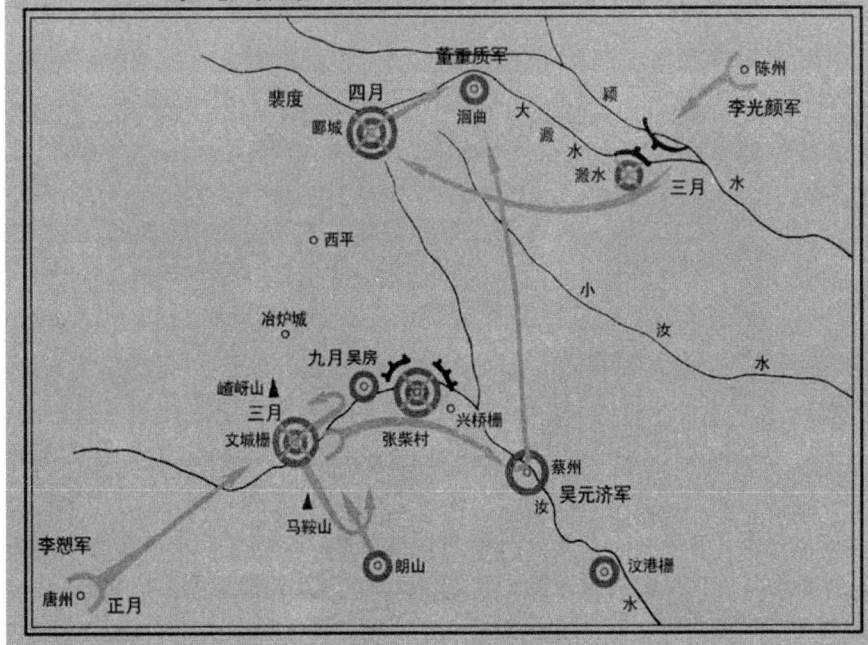

李愬袭蔡州作战经过示意图

其名为忠义，收为部将。

李愬对吴秀琳以礼相待，并与他商议袭取蔡州一事。吴秀琳认为取蔡州非李祐不可。李祐当时为淮西骑将，有勇有谋，负责守卫兴桥栅（今河南汝南西北）。李愬用计擒获了李祐，并待以客礼，李祐于是也投降了李。

李愬擒获吴元济数将之后，了解了敌军的详细情况，于是与降将李祐、李忠义密议奇袭蔡州。部将们担心李祐是诈降，都劝阻李愬，但李愬坚持自己的观点。行营内诸军也都不满，传言李祐是假降朝廷，实际上吴元济的内应。李愬怕部下们将这些话先行上奏朝廷而坏其大事，便将李祐绑送京城，密奏宪宗自己与李等商议袭击蔡州之事，并声言若朝廷要杀李祐的话，则破敌无望。宪宗知情后，下诏放李祐回到李愬身边。李愬见李祐回来，十分高兴。任命他为散兵马使，并令其佩刀巡视，随时可出入节度使帐中。李愬与李祐常常在帐中通宵达旦地进行密议，还留李祐宿于帐中。当时李愬有亲兵 3000 人，号称六院兵马。李愬为表示信任，又任命李祐为六院兵马使。同时，召募敢死士卒 3000 人，号为"突将"，每日进行训练，准备袭击蔡州。

盛衰的转折

唐骑兵蜡像。王建《赠李愬仆射》诗中记述了夜袭蔡州城时风雪交加、人马无声的行军场面。我们从这组唐骑兵蜡像可以想见当时的情景。

　　元和十二年九月，李佑认为时机已经成熟，建议李愬袭击蔡州。李佑认为，淮西精兵都驻扎在时曲（今河南漯河南）及四境要塞拒抗朝廷官军，而蔡州守军都是些老弱病残的军士。此时避实就虚，率大军直抵蔡州城下，定能活捉贼魁吴元济。李愬采纳了他的建议。十月八日，李愬密派掌书记郑澥到郾城请示宰相裴度，裴度主张"用兵宜出奇制胜"，同意了李愬的作战方案。

　　元和十二年十月十五日，李愬命令马步都虞侯史率兵留守文城（今河南遂平西），派李佑、李忠义率"突将"3000人为先锋，李进诚率3000人为后军，自己则与监军率领3000人为中军，进军蔡州。大军行军60里，天黑时到达张柴村（今河南遂平东），杀死淮西守兵后，占领了敌营。李愬令将士略作休整，留下500人镇守，以切断淮西时曲守兵退路，然后率大军冒着大风雪继续东进，急行军70里后，抵达蔡州城下。自贞元二年（786）以来，淮西割据30余年，官军还从未到过蔡州，故守城士卒麻痹无备。十月十六日夜，李佑率先锋军突击入城，杀死城上守卒，开门迎接李愬大军。拂晓，李愬攻入吴元济外宅，吴元济从熟睡中被惊醒，慌忙率随从登牙城抵抗。当时吴元济大将董重质率精兵万余人屯守在时曲城，李愬厚待其家眷，并派其子到时曲送信劝降，董重质于是单骑回蔡州受降。到十七日傍晚，终于攻克牙城，吴元济投降。十八日，李愬将吴元济解往长安，并向裴度告捷。这一天，淮西申、光二州及各处守军两万叛军全部投降，淮西叛乱从此平定。

藩镇纷纷献忠

唐元和年间，由于宪宗态度强硬，坚决镇压敢于公开对抗朝廷的叛乱者，各割据的藩镇开始感到恐惧，陆陆续续有藩镇上奏请求归顺朝廷，以示效忠。

元和七年（812）八月，魏博节度使田季安去世，其妻元氏立其子田怀谏为节度副使。但怀谏年仅 11 岁，军政大权落入家僮蒋士则之手，士兵们都很怨愤。于是受士兵们拥戴的步射都知兵马使田兴率魏、博、贝、卫、澶、相 6 州军民归顺朝廷。十月，宪宗任命田兴为魏博节度使，并更其名为田弘正；同时派人犒赏三军、慰问百姓。史称魏博自归朝廷。

唐打马球画像菱花镜

　　元和十二年（817）十月，朝廷平定淮西叛乱后，横海节度使程权内心不安，认为自己父子世袭横海节度史，与河朔三镇割据没有什么不同。于是在十三年二月，上奏请求举族入京，归顺朝廷，由朝廷另命节度使，宪宗准奏。史称为程权举族入朝。元和十二年十月，成德节度使王承宗自认割据跋扈，加之淮西之乱刚被平定，内心忧惧不安。后经宰相裴度书信劝告，决意归顺朝廷，并愿意将两个儿子送入朝廷作人质，献德、棣二州，向朝廷上供租税，由朝廷任命官吏，宪宗准奏。史称为王承宗纳质献地。

　　元和十三年正月，淄青节度使李师道得知吴元济被朝廷镇压，吓得不知所措。元和十三年四月，幽州节度使刘总听从大将谭忠的劝告归顺朝廷。

　　至此，藩镇割据的局面已基本扭转，天下太平，百姓安居乐业。